广东南海社会工作发展报告
（2017）

ANNUAL REPORT OF SOCIAL WORK DEVELOPMENT IN NANHAI (2017)

陈永杰　卢施羽　刘　维／著

社会科学文献出版社
SOCIAL SCIENCES ACADEMIC PRESS (CHINA)

图书在版编目(CIP)数据

广东南海社会工作发展报告.2017 / 陈永杰,卢施羽,刘维著.--北京:社会科学文献出版社,2017.6
 ISBN 978 - 7 - 5201 - 0573 - 6

Ⅰ.①广… Ⅱ.①陈… ②卢… ③刘… Ⅲ.①社会工作 - 研究报告 - 南海区 - 2017 Ⅳ.①D632

中国版本图书馆 CIP 数据核字（2017）第 063413 号

广东南海社会工作发展报告（2017）

著　　者 / 陈永杰　卢施羽　刘　维

出 版 人 / 谢寿光
项目统筹 / 刘　荣　单远举
责任编辑 / 单远举

出　　版 / 社会科学文献出版社·独立编辑工作室（010）59367011
　　　　　 地址：北京市北三环中路甲 29 号院华龙大厦　邮编：100029
　　　　　 网址：www.ssap.com.cn

发　　行 / 市场营销中心（010）59367081　59367018
印　　装 / 三河市东方印刷有限公司

规　　格 / 开　本：787mm × 1092mm　1/16
　　　　　 印　张：11.75　字　数：144 千字

版　　次 / 2017 年 6 月第 1 版　2017 年 6 月第 1 次印刷

书　　号 / ISBN 978 - 7 - 5201 - 0573 - 6
定　　价 / 168.00 元

本书如有印装质量问题，请与读者服务中心（010 - 59367028）联系

▲ 版权所有 翻印必究

作者简介

陈永杰 英国约克大学社会政策与社会工作哲学博士，中山大学政治与公共事务管理学院、中国公共管理研究中心副教授，东亚社会政策研究网络（East Asian Social Policy Research Network）秘书长，广东省社会工作与志愿服务专家委员会委员，佛山市慈善会项目顾问，南海区社会工作发展专家智囊团组长。

卢施羽 香港中文大学社会工作学系博士候选人，佛山市南海区社会工作学者与学生联会会长。

刘　维 中山大学社会工作学士、社会保障硕士，佛山市南海区社会工作学者与学生联会秘书长。

内容简介

本报告梳理了广东省佛山市南海区社会工作发展的背景及沿革，从政府购买社会工作服务项目、社会组织的孵化培育、社工人才队伍的发展三个部分进行总结。本报告以2016年南海社会工作行业普查的数据为基础，对2016年南海社会工作行业的现状进行分析，包括社工服务项目、社工机构以及社工人才的现状和挑战等。本报告设置了南海区老年社会工作发展趋势分析和南海区公益创投发展报告两个专题，重点对南海区具有特色的专项社会服务和政府购买服务形式进行了深度剖析和展望。

序

文 / 萧伊恩（Ian Shaw）* 译 / 陈永杰

站在欧洲、北美及其他亚太地区社工界同仁的角度，这本通过一个区来透析华南社会工作发展的报告，值得欢迎。通过剖析政府如何推动社会工作，尤其是其中的老年社会工作专章，在那些屡见不鲜的核心挑战与机遇中我们能收获不少启迪。

在每一个国家，作为一种服务，社会工作究竟覆盖哪些内容，作为一项职业，社会工作又能以何面目出现，都是难以预测的事。在中国断断续续地推进社会工作近百年的历史中，这可谓昭昭在目。例如在两个世代之前的以色列，在集体农场（kibbutzim）中生产的国营生产队就有某种形式的社会工作服务。在阿拉伯世界的一些国家，以及在中国内地的计划经济时期，社会工作可以藏身于就业单位提供给职工的服务之中。这本书的作者把社会工作在中国的出现放在整个国家现代社会保障制度的建立进程中来剖析，其着眼点则放在当下的十年，透视上级政府如何通过向基层政府下放采购权限，以引领者的姿态，刺激着社会工作机构的出现和同工队伍的扩大。这本书聚焦于一个区之上，这便是南海。

伴随着政府购买权限下放的，是整个行业的急速发展，这使得

---

* 萧伊恩博士（Dr. Ian Shaw），英国约克大学荣休教授，曾任欧洲社会工作研究联会首任主席，将于2017年8月成为新加坡国立大学 SR 弥敦社会工作教授（S. R. Nathan Professor of Social Work）。

社会治理创新的实践模式不断拓宽其边界，也鼓励了更大范围的学习与模仿。但如此推进也存在一定风险，例如在英国常说的"邮编博彩"（post-code lottery），就是指一位公民能享受到多少社会工作服务，居然与他住在哪个社区相关。

如果把社会工作放在一个宏大的社会福利体系（例如人类服务或社会照料）之内来观察，不难发现一系列的挑战迎面而来。例如，这要求社会工作与医疗、教育和就业服务整合在一起。但我们知道，相比起这几项社会政策中的庞然巨物，社会工作本来就体积微小，整合的结果可能是被吞噬或淡化，或者用中式话语可称之为"行政化"。在这本报告中，作者正是通过讨论社会工作可以在多大程度上在中国实现专业化，提出上述疑问。必须承认，社会工作要完成这样一项任务，就要一方面拒绝成为可解百难的"银子弹"（silver bullet），另一方面又需要打造某种形式的集体身份。这本报告把这个难题放在读者的面前。

在推动社会工作专业化的努力中，不得不谈高等教育中的社会工作。在这个领域中，即便是那些早已建立社会工作教育及培训体系的国家，其实践也不尽相同。社会工作机构的总干事和创始人有时会以一种怀疑的眼光来看待学者以及他们的专业追求。然而，如果我们认为社会工作需要"在实践中寻找哲理"（"Practical Philosophising"，英国社会工作作家Timms名言），那么无论是中国还是世界各地的社会工作，都需要有技术、有智慧甚至在某个意义上有激情的社会工作者、总干事和学者携手合作。

我深信，这本不仅在于描述和分类，更在于反思的报告，会为社会工作的学术界带来碰撞的火花和互有裨益的交流。

目 录

第一章　导论 ·· 1

第二章　南海区社会工作发展沿革 ····································· 8
　第一节　南海区社会工作出现的背景 ······························ 8
　第二节　南海区社会工作的创新与发展 ·························· 14
　第三节　南海区社会工作机构概况 ································ 22
　第四节　南海区社会工作人才队伍概况 ·························· 26

第三章　南海区社会工作项目发展状况 ····························· 31
　第一节　社会服务财政投入情况 ··································· 31
　第二节　社会服务项目细分情况 ··································· 36
　第三节　问题与挑战 ·· 43

第四章　南海区社会工作机构发展状况 ····························· 49
　第一节　本土民办非企业单位、小型服务机构是主力军 ······ 49

第二节 项目来源多样，公开招标为主 …………………… 53
第三节 采购方以镇街为主、职能部门为辅 …………… 57
第四节 多元服务领域 …………………………………… 59
第五节 评估机制 ………………………………………… 61
第六节 问题与挑战 ……………………………………… 64

第五章 南海区社会工作人才发展状况 …………………… 67
第一节 南海区社会工作人才队伍发展现状 …………… 67
第二节 南海区社会工作机构督导人才现状 …………… 79
第三节 南海区社会工作人才发展面临的挑战 ………… 81

第六章 南海区老年社会工作发展趋势分析 ……………… 88
第一节 导论 ……………………………………………… 88
第二节 文献回顾 ………………………………………… 91
第三节 南海区老年社会工作的发展 …………………… 102
第四节 挑战与展望 ……………………………………… 106

第七章 南海区公益创投发展报告 ………………………… 108
第一节 导论 ……………………………………………… 108
第二节 文献回顾 ………………………………………… 112
第三节 佛山市及南海区公益创投发展概况 …………… 126
第四节 挑战与展望 ……………………………………… 132

附录一 南海区社会工作情况一览表 ……………………… 139

目 录

附录二　南海区推动社会组织发展的政策文件汇总…………… 156

附录三　南海区公益创投实践汇总表（2012—2015） ……… 160

附录四　佛山市公益创投投入情况（2012—2015）
………………………………………………………………… 165

参考文献………………………………………………………… 166

后　记…………………………………………………………… 171

第一章
导论

过去100年，社会工作无论是作为一个专业还是一份职业，在中国都经历了一个曲折的发展过程。得益于社会治理创新的机遇，过去10年间，社会工作在一批东部沿海城市获得长足的发展。让人欣喜地看到的是，在社会工作这个行业中，从业者的队伍在快速壮大，新的服务机构在不断涌现，更重要的是有利的政策空间在不断拓宽。从2012年十八大报告和2013年的十八届三中全会不断明确社会组织在社会治理创新中的角色后，社会工作这个关键词便高频地出现在各类政策文件之中。2017年3月，李克强总理在《政府工作报告》中明确提出，"改革完善社会组织管理制度，依法推进公益和慈善事业健康发展，促进专业社会工作、志愿服务发展。切实保障妇女、儿童、老人合法权益"。在承担社会治理创新的重任之中，社会工作是被明确提及的一个专业和职业，这也是社会工作不可回避的历史责任。

一个经济上日益强大的国家，其崛起过程难免会带来经济与社会结构的急速转变。在一个经济高速增长的城市，这些结构上的急速转变，几乎必然衍生一系列难以回避的社会问题。在应对这些新涌现的社会问题的各类型社会服务中，社会工作不仅仅带来了科学的工作手法和多元的介入模式，更重要的是它明确了一种以尊重个人权利、争取社会公平正义为核心内容的价值观，让社会服务朝着一个有温度的远景大步踏前。

在广东，改革社区管理体制、扩大社会组织参与、发展社会工作服务被视为创新基层社会治理的重要手段，一种以社区为平台、社会组织为载体、社会工作专业人才为支撑的"三社联动"模式在此格局下被提出，把社会工作明确无误地推向了整个创新举措的风口浪尖。在全省改革社区管理体制、发展社会工作服务的大背景之下，佛山市作为广东省第三大城市，其社会工作服务的发展并未松懈。佛山市南海区地处珠三角腹地，尤其是作为区府驻地的桂城街道，东临广州市荔湾区，西接佛山市禅城区，广佛地铁线贯穿其间，地理位置极其重要。南海区的经济发展在整个珠三角都处于领先地位，这也为本地的社会工作行业发展提供了重要的资金保障。南海区在社会工作发展过程中，无论是人才、机构还是整个行业，均在佛山市五区中处于首位。

然而，尽管南海社会工作发展迅速，取得一定的成绩，但是与珠三角的一线城市（例如广州、深圳）相比，仍存在相当明显的距离。在南海区社工行业迅速发展的同时，社工人才的培育以及社工机构发展不断地面对着新的挑战。例如，就人才队伍而言，在南海区工作的社工专才，不少面对着缺乏晋升空间、薪酬低、工作不稳定等问题，他们渴望政府能不断推出新措施改善同工薪酬待遇和拓展发展空间；就机构而言，一线社工流失率偏高，项目碎片化造成行政成本偏高，均是提升服务水平和扩大覆盖面的障碍；就行业而言，项目来源多元化虽然是资源充裕的一种表现，但也因此带来了标准与规范的不统一，反过来影响了整个区域的社会工作有序地走向专业化。凡此种种，使得南海区的社会工作在势头喜人的同时，也面临一系列的隐忧。

因此，为了推动南海区社会工作的进一步完善与发展，尤其是更稳健地迈向专业化，本研究希望深入探讨几个关键问题。

第一章　导论

第一，要知南海社会工作将往何处去，必先回顾其从何处而来。这意味着梳理南海区社会工作发展的背景及沿革，包括购买方的出现、区镇孵化基地的平台搭建状况、项目的出现及形式的变化、机构的孵化与发育状况等。第二，回顾完发展沿革后，就需要对现状进行分层次的讨论，必须先了解的是社会工作项目购买的现状。这需要摸清政府购买服务的现状，尤其是区镇两级购买的类型和方式，基于项目购买的现状剖析整个行业面临的主要挑战。第三，项目给予了机构生存的经费，之后就可以了解机构发展的现状。这需要摸清南海区各镇街登记成立或开展社工服务的机构的分类、规模以及直接服务领域的分布等，介绍南海区开展社工服务的机构承接项目的采购形式及购买方、历年承接项目的数量、总金额和平均项目金额对比、评估状况，结合对南海区大型社工机构的访谈，探究在南海区提供服务的社工中心发展面临的压力。第四，机构提供服务离不开同工，这需要了解社会工作人才队伍的现状。通过对南海区社工人才队伍的基本状况（包括社工的性别比例及年龄结构、户籍与求学地域、专业背景、持证比例、层级结构及不同层级工资水平的差异、各镇街社工分布、社工人才的流失状况）及督导人才的基本状况（年龄、学籍、户籍）进行摸底，分析南海区社会工作人才队伍面对的挑战从何而来，探讨应该如何应对。

除了从项目、机构和人才三个层面剖析南海社会工作行业的现状外，本研究还希望锁定一两个特殊议题，通过对其进行抽丝剥茧式的深入研究，立体地呈现社会工作行业在南海区的发展状况。为此，本研究选取了一个服务领域——老年社会工作，以及一种应用得越来越多的项目购买方式——公益创投。

本研究采用定性研究与定量研究相结合的研究方式。首先会对政策文件和统计数据等现有资料进行二手数据分析，辅之以普查的手段，以求在梳理出南海社会工作发展的源流与脉络的同时，也能通过准确掌握若干个指标的数值，收到纵观往迹和统揽全局之效。在此基础上，结合研究问题，以问卷调查、深度访谈及座谈会等不同方式，了解社会工作行业中不同持份者对几个核心研究问题的态度和看法。

  本研究使用的统计数据主要来源有二。一是政府统计数字，主要指2015年及2016年南海区社会洽谈会公布的情况，以及各区相关职能部门搜集到的信息。二是机构申报数字。这里采用的是普查方式，主要派发予南海区各镇街（包括桂城街道、九江镇、西樵镇、丹灶镇、狮山镇、大沥镇、里水镇）登记成立或开展社工服务的机构，由机构填写并交回。普查收集了两方面的资料。一是机构基本情况。这包括了基本资料（如机构性质、注册所在地）、组织架构、人才队伍情况（包括社工证登记情况、社工机构的总社工数及实务社工数、不同层级工资水平）、督导及培训支持（培训频率和培训补贴情况）、财务情况（资金来源和资金支出情况）、机构人员流动情况、督导资料（年龄、学籍、户籍）、承接南海区项目情况（采购形式、购买方、项目评估结果）。二是从业社工情况。这是指了解在本区从业的社工的户籍、学历、专业背景（如有无相关社工专业背景）、持证情况（持社工证类型、社工证管理号、社工证登记号）等。

  本研究中的分析和讨论，主要来自对行业持份者进行的深度访谈及从各相关座谈会获得的素材。本研究的深度访谈，根据数据库反映的问题设计访谈大纲，抽取了部分有代表性的社工机构负责人，了解了他们面对的一系列问题，尤其是承接政府购买服务的各种挑战、机构人员的情况（例如专业背景、持证比例、工资水平情况）、督导培训情况、项目经费构成情况、机构存在的问题以及机构自身未来发展的规划等。本研究组织了十几场座谈会，以不同

第一章 导论

主题，分别向区相关职能部门、各镇（街道）社工主管部门、部分社工服务机构等了解其态度与思考，重点是探讨在应对社工服务机构面临的困境与难题之上有何良策与期许。

本年报的第二章回顾了南海区社会工作发展沿革；第三、四、五章分别讨论了南海区社会工作项目、社会工作机构、社工人才队伍建设的发展现状；第六章和第七章是专题，分别讨论了老年社会工作和公益创投在南海区的发展现状与面对的挑战；最后是附录。

在第二章的南海区社会工作发展沿革部分，我们根据所搜集到的政府或者镇街的相关政策资料、二手数据，进行文本资料的整理和分析。主要围绕社会背景、购买方的出现、项目的出现及形式的变化、机构的孵化与发育、社工人才队伍及行业的发展情况这几方面，对2010—2015年南海区社会工作发展沿革进行纵向回顾。

在第三章的社工项目发展篇，我们主要基于社洽会数据，对项目的总体情况以及社会工作项目的类型进行分析。关于项目的总体情况，我们主要从区镇两级购买服务的数目、购买服务的资金进行分析；关于社会工作项目类型，我们尝试把与社会工作相关的社会服务划分为四种类型，并按其各自所占比例进行比较分析。在基于数据的情况下，再结合机构访谈资料，进而引出目前社工发展项目面临的主要挑战。

在第四章的社工机构发展篇，我们主要基于调研收集的资料，围绕对南海提供服务的所有社工机构分类、机构规模、机构服务领域、访谈内容进行分析。在对南海提供服务的所有机构进行分类时，划分为社工类与非社工类，之后再细分社工类与非社工类的机构数量。根据机构的人数，划分机构的规模，然后对南海区社工机构的规模状况进行整体的描述。之后，描述不同机构的服务领域，并分析其在服务领域的强弱。最后，根据与部分机构的访谈内容，了解机构的未来发展计划。

在第五章的社工人才发展篇，我们主要基于调研搜集到的数据及社工科统计，描述南海社工人才的总量，对持证人数，社工机构的总社工数及实务社工数，有专业背景、相关背景及无背景社工数与比例，不同层级工资水平的社工数量进行描述分析。我们根据基于调研收集到的机构社工流失情况以及机构访谈的资料，对社工人才的流失情况进行描述，并且分析社工人才流失的原因。

第六章是老年社会工作专章，这一章的内容建基于本课题组过去5年在南海区的三次全区养老调研的成果之上。本章根据南海区统计局提供的2013年数据和2016年年底的数据说明随着南海区人口老龄化程度不断加深，老年人退休保障、医疗服务、照料服务等方面压力将会随之加大。并且，本章将会以2013年南海区公办养老机构引入社工服务项目评估结构以及2015年进行南海区社区养老服务调研的结果分析南海区老年社会工作的项目情况。最后，探析南海区老年社会服务以及老年社会工作遇到的难题、挑战和机遇。

第七章是公益创投专章。以公益创投的方式来购买社会工作项目，从2012年开始在南海区出现，本章尝试通过回顾公益创投的理论与概念，比对南海区的实践经验，展示南海区社会工作类项目在公益创投中取得成果的同时，亦指出其面对的种种隐忧，尤其是尚待完善之处。

为了让读者对南海区社会工作发展有更全面的掌握，本报告还摘取了一部分比较重要的数据整理在附录中。附录主要是关于南海区镇街和南海区社工机构竞争力的排行，希望能为政府购买社会组织服务与社会公众了解和评价社会工作的成效提供参考依据。需要说明的是，所有附录中引用到的项目数据，均曾向社会公示，更完整信息可按以下方法查阅：如为职能部门购买项目，可查阅南海区公共资源交易网（http：//cgzx.nanhai.gov.cn/cms/html/nh_ggzy/index.html）或广东省政府采购网（http：//www.gdgpo.gov.cn）；如为镇街购买项目，可根据所属镇街访问相关网页，具体网址如下。桂城：桂城政务网（http：//www.guicheng.gov.cn/cms/html/1944/column_1944_1.html）；九江：九江政务网（http：//www.jiujiang.gov.cn/xxgk/zdxm/）；西樵：西樵政务网（http：//www.xiqiao.gov.cn/cms/html/3254/column/）；丹灶：丹灶政务网（http：//danzao.nanhai.gov.cn/cms/html/danzao/index.html）；狮山：狮山政务网（http：//shishan.nanhai.gov.cn/cms/html/3395/column_3395_1.html）；大沥：大沥政务网（http：//dali.nanhai.gov.cn/cms/html/5230/column_5230_1.html）；里水：里水政务网（http：//lishuiz.nanhai.gov.cn/cms/html/6206/column_6206_1.html）。

本报告的出版，希望能为所有想了解和研究中国社会发展现状的公众、行家和学者提供有用的参考。首先，希望以小观大，通过广东南海一个区的例子，在某个意义上为中国东南沿海社会工作发展的现状多提供一个注脚。其次，推动南海区的社会工作行业进一步发展完善，希望这份报告能在鞭策社会工作机构更加努力做好自己的同时，也促进作为服务购买方的各级政府职能部门想出办法完善购买方式，为整个行业创造更大的发展空间。最后，这份报告还想带出一个这样的信息：南海区敢于直面挑战。公开信息需要勇气，课题组一直抱着展示成绩的同时绝不掩饰问题的态度撰写报告，因为我们相信，直面挑战是社会工作在未来能找对应对措施，走向专业化的关键一步。

第二章
南海区社会工作发展沿革

第一节 南海区社会工作出现的背景

佛山市南海区地处广东省中部、珠江三角洲腹地，毗邻广州，面积为1073.82平方公里，下辖6个镇和1个街道，共有67个村委会、182个社区居委会和278个社区服务中心，常住人口为258.88万人，其中户籍人口为126.52万人。2016年南海区税收收入达279.42亿元，占全市国税收入的34.3%，占比超过1/3，收入规模居于五区之首。在佛山五区之中，南海不仅在经济发展方面是领头羊，在社会工作发展上也一直处于全市的最前沿。

南海区的社会工作最早发轫于2003年，当时开始尝试引入专业社会工作来推进义工工作的开展，这是进入21世纪之后佛山市五区社会工作服务的最早尝试。到了2008年，南海区罗村街道（现为狮山镇罗村社会管理处）开始引入专业社会工作机构，根据社区特征有针对性地面向长者、青少年、外来务工人员等群体开展服务，为解决"村改居"等社会问题，摸索出一条社会管理创新的重要路径。

经过近9年的发展，南海区社会工作行业发展已初具规模，并有别于广州、深圳、东莞等地方，引用本地政策文件的概括，这是一种以"政府为主导、企业和基金会为辅"的购买模式，以"专项服务项目"为主要购买形式，以"1+8+N"社会创益布局为特色的社会服务发展格局。众所周知,珠三角的社会工作发展,若以其模式论,主要有"岗位制"与"项目制"两种,而深圳和广州分别是两种模式的代表性城市。佛山市的模式通常会被归类为更接近"项目制"。就社会工作项目购买的主体而言,这无疑是恰当的。然而,具体到南海、顺德和禅城这三个项目较多的区,其购买模式却有一定程度的差别。相对而言,禅城区的项目较类似于广州的"家综模式",但每一家家庭综合服务中心的"体量"均相对较小(年度经费每家在 30 万—60 万元,全区四个街道到 2016 年共有 16 家家庭综合服务中心);南海和顺德两区的购买更多来自镇街这个层级,镇街之间的规划不尽相同,总体而言是专项和综合项目这两种类型的服务项目兼而有之。以南海区的桂城街道为例,其购买便是以专项为主,以综合服务类为辅。

截至 2016 年 12 月,在南海区提供社会工作服务的机构超过 76 家,其中在南海区登记注册的社工服务机构达到 53 家。同时,南海区通过全国社会工作者职业水平考试的人数达到 2061 人,其中助理社工师 1610 人,社会工作师 451 人,比 2015 年同期增长 42%。由是观之,南海区无论是提供社工服务机构的数量、登记注册社工服务机构的数量,抑或是南海区持证社工人数,都稳居佛山市首席。

在佛山市五区之中,南海区得以在过去几年一直在社会工作行业发展方面走在最前,与三个关键的因素有关,分别是社会服务需求、地方经济实力与社会创新权限的下放。在经济高速增长的过程之中,各类社会矛盾陆续产生,各种社会服务需求亦不断涌现,传统的体制无法有效应对。在此情况下,地方政府与社会各界逐渐形成共识,依托发达的地方经济着力增拨资源,投入旨在缓和新矛盾和满足新需求的各种社会服务;与此同时,政府职能向服务型转变，主动发掘和认定基层社区的服务需求，加上拥有购买服务项目权限，这些均有利于新型社会服务项目的不断出现。

一 需要导向：不断涌现的新社会问题

社会工作是提供社会服务的一套专业方法，社会工作的发展因此与社会服务需求的出现息息相关。改革开放以来，尤其是中国入世之后，中国的经济增长速度傲视全球，人们的收入水平大幅提高。然而，在收入飞速增长的同时，原有的社会结构也受到了冲击：在农村老人大量独居的同时，城镇出现大量在当地缺乏亲友的打工一族；在父母忙于工作疏于照料子女，以致出现各类青少年问题之际，夫妻矛盾恶化，甚至各类家暴现象也越来越严重。这些在经济发展过程中不断恶化的社会问题或新涌现的社会矛盾，无法依靠原有的社会体制来化解，于是就形成了新的社会服务需要，这正是社会工作在中国尤其是经济发达的东部沿海地区被推到社会服务一线的重要社会背景。

处于广佛都市圈核心地带的南海区自然无法例外。南海区所在的珠三角地区是我国现代化和社会转型的先锋，也是与此相关的各种社会矛盾的先发地区。在南海的东部镇街，有大量为逃避广州的高房价与高物价而迁入的非户籍居民，当中还有一些是不通汉语的外国人；在南海的中部工业大镇狮山，有数以十万计的外来务工者，他们中既有随迁家庭，也有刚领身份证、仍然稚气未脱的少年打工者；在南海的西部各镇，不少农村因为青壮劳动力外出工作而成为老幼妇孺留守村。这些现象，显示南海区在享受经济高速增长成果的同时，无法回避如何缓和与解决新涌现的社会矛盾的问题。

然而，伴随南海区经济社会发展以及城市化进程的推进，原来由政府相关部门大包大揽，直接提供的社会服务，在服务质量与服务种类等方面均难以满足社会民众日益增长的需求，存在社会服务供给水平低、社会服务不均等问题。这些都制约了南海区社会服务水平的与时俱进，更遑论进一步提升。正是由于社会服务的社会需求日益突出，以社会工作的方式提供专业化的社会服务，成为必然的发展方向。在"小政府、大社会"的指向下，南海区于2008年开始逐步推动社会工作服务的发展，镇街级政府通过拨出额外资源，向社会组织购买社会服务以应对这些新的社会矛盾，而随着这些社会服务向纵向发展，尤其是在需要导向之下，以专业社会工作方法提供的服务项目显示出了额外明显的回应度。

二 政府购买：经济实力成为重要保障

在当代中国，主要以社会工作手法提供的社会服务仍有别于传统意义上的民政服务，其发展所需的大量经费，比较集中地来自地方政府的财政投入和社会各界的各类捐赠，而这两类来源在某种程度上与地方的经济发展水平高度相关。

改革开放30多年以来，南海区迅速完成了由传统的农业社会向现代工业社会的转变，进入了成熟的工业化阶段，经济发展成绩在全国耀眼。"十二五"期间南海地区生产总值年均增长率达8.9%，2015年已增至2236亿元，连续于2014年和2015年综合实力居全国百强区第二名。"十二五"期间南海区财政收支规模迅速扩张，财政综合实力显著增强，财政收入由2010年的1026588万元增加至2015年的1832478万元，年均增长12.35%。其中，税收收入由2010年的829959万元增加至2015年的1386187万元，年均增长10.8%。财政支出从2010年的1088796万元增加至2015年的1785775万元，年均增长10.4%。

南海区雄厚的财政实力，加上地方经济的稳健增长，成为支持社会工作发展一个重要的因素。"十二五"期间，正是南海区民生政策出台最密集、资金投入力度最大、各项事业发展最快的时期。全区民生支出累计达4481508万元，占财政支出的62.59%以上，其中2015年民生支出为1112099万元，同比增长了1.65倍，年均增长10.48%。[①] 稳定而持续增长的民生支出，为南海区社会工作行业的发展提供了资金的保障。

南海区于2015年开始组织社会服务洽谈会，区、镇街两级政府及相关职能部门均在社洽会上公布全年社会服务的购买预算。2015年和2016年，在南海社洽会上公布的购买服务项目总额分别为14576.1万元和15238.5万元。在剔除掉不含社会工作内容的社会服务项目后，这两个数字分别为6216.6万元及8105.9万元。考虑到南海区为一个县区级行政单位，而户籍人口约为126.52万人，这个购买规模并不逊于珠三角的一线城市广州和深圳。

三 行政改革：镇街自主权

与其他城市社会工作主要由市或区级民政部门来统筹购买有所不同，在南海区社会工作发展之中，相当大比例的项目由镇或街道一级的政府购买。镇街一级政府下面就是原来的"村委会"和"居委会"，它们在发掘和认定基层的社会服务需要上显得更为直接，而它们在服务购买上的积极主动，不但补充了上级政府在项目购买上的不足，更为整个社会工作行业带来了更多的资源与空间。镇街在认定服务需要与购买项目上的高度自主权，使南海社会工作出现一种去中心化的遍地开花模式，这是社会工作"南海模式"的一个重要特点，与南海区在行政体制上的改革高度相关。

---

① 《南海区财政局2015年工作总结及"十三五"工作计划》，佛山市南海区财政局，http://caizheng.nanhai.gov.cn/cms/html/10064/2015/20151202143158354956119/20151202143158354956119_1.html。

第二章　南海区社会工作发展沿革

南海历来是改革创新的热土,无论是在经济、行政还是社会领域,一直都在深入地推进着各类改革。自2010年6月起,南海区开始了"简政强镇"改革的探索和实施,通过改革,推进政企分开、政资分开、政事分开、政府与市场中介组织分开,目的是要建立一个适应经济社会发展要求的责权匹配、决策科学、执行顺畅、监督有力的镇级行政管理体制机制,进一步提升镇级经济社会发展和公共管理服务的能力和水平。"简政强镇"改革增强了镇街的自主权,推动基层政府回归服务本位。由于镇街一级政府被要求增强服务能力与还权于社会,因此纷纷做出推动群众民主自治的各类尝试,这包括依据自身实际情况自主决定社会工作发展领域和规模。

自2011年始,根据中央和省市的有关部署,南海区推行"政经分离"改革,以此为突破口,深入实施农村综合改革,探索社区管理和服务的创新路径。在整个"政经分离"的改革之中,如何提供社区服务正是其中一个重要的着力点。2014年1月,南海区获批"全国社区治理和服务创新实验区",围绕"政府主导推动、三社发展联动、志愿团体互动,创新城乡社区治理服务新机制"的实验主题,南海区出台了一系列政策措施作为支撑,当中的关键词包括了"社区建设"、"职能部门分工"、"社会服务投入"以及"打造社会服务品牌"等。与此同时,"以社区为载体,以社会组织为支撑,以社工人才为骨干"的"三社联动"探索工作,也成为一种政策利好,极大地推动了社会工作的全面发展,出现了镇街与基层社区(原村委会)合力购买的项目形态,同时社会组织新增数字以及辖区内考取社工证人数均亦迅速增长。拥有高度财政自主权的镇街一级政府,在"三社联动"格局之下,相当积极地推出了一批新的项目,南海区因而逐渐形成了"政府引导、社区搭台、项目运作、专业运营、广泛参与"的社区治理格局。

第二节　南海区社会工作的创新与发展

一　建立输送系统

当代中国的社会工作，可谓"专业先于行业出现"，政府购买也经历了从无到有，然后快速增长的发展轨迹。尽管早在2003年便引入社工培育义工，正式购买的社工项目亦于2008年便出现，但南海区社会工作的全面展开则是在2011—2012年。在以提供专业的社会工作服务为主旨的社会组织寥若晨星、新入行社工缺乏专业训练和实务经验的背景之下，南海区的做法是由政府牵头，建设各类社会组织的孵化基地和社工人才的培育体系，致力于填补这些发展真空地带，并希望在短时间内让整个第三部门出现并获得成长。在当时社会治理创新的话语之下，南海区社会工作委员会在相关文件中称此为一套"公共服务的输送体系"。

应该指出，在这个体系未建成之前，南海区已经拥有相当体量的社会服务，例如各个镇街起码有一家敬老院提供院舍养老服务，而作为社会创新指标的新增社会组织数，也呈现每年递增之势，例如南海区级登记的社工机构于2010年开始出现，至2011年年底已经登记了4家。然而，无论传统的民政服务还是新生的社会组织，并没有一个统筹全局的系统整合这些资源，从而也就难以达到推动全区社会服务升级以及社会工作发展的目的。在这种格局之下，提出以一个"输送体系"来统筹全局成为一种因势利导的适时之举。为了建立和健全该服务"输送体系"，令社会组织在社会建设中的作用得到进一步的发挥，相关部门为该"输送体系"设定的建设目标是形成一个地方性的社会创益系统。

在这套被称为"社会建设体系"的系统中,核心内容是建立一个"党委领导、政府负责、社会协同、公众参与、法治保障"的体系。自 2012 年起,南海区政府从基层社区、服务枢纽和顶层设计布局,建立了"基金、基地、机构、机制"社会创益①模式,搭建了一个名为"1 + 8 + N"的社会创益体系(见图 2 - 1)。在南海区相关部门看来,这个金字塔式的社会建设模式,可成为全区社会服务输送体系的基础。

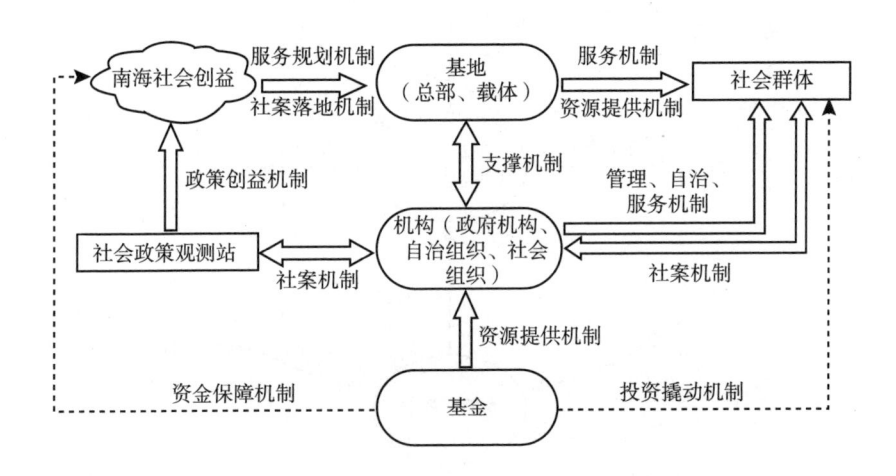

图 2 - 1 南海区社会建设运行机制模型

其中,"1"是指建设一个全区性社会建设总部基地(南海区社会创益园),是集社会建设培训、展示、交流和研究功能于一体的社会创益综合体,其主要功能包括:社会创益展示与传播、社会创益培训与交流、社会创益发展与建设、社会创益研究与探索;

---

① 据原南海区社会工作委员会的相关文件,"社会创益"是实体创新理念,强调社会工作要创造群众利益、社会公益和公众效益。

"8"是指8个镇街①的区域性社会创益中心，承担"社会组织培育、社会服务研发、社会政策观测、社会服务供给"四大职能；"N"是遍布N个城乡社区的各类公共服务、社会服务载体，包括敬老院、福利中心、社区服务中心、职工之家、家庭服务中心、邻里中心、街坊会、互助社等。南海区创益中心管理机构运作模式如图2-2所示。

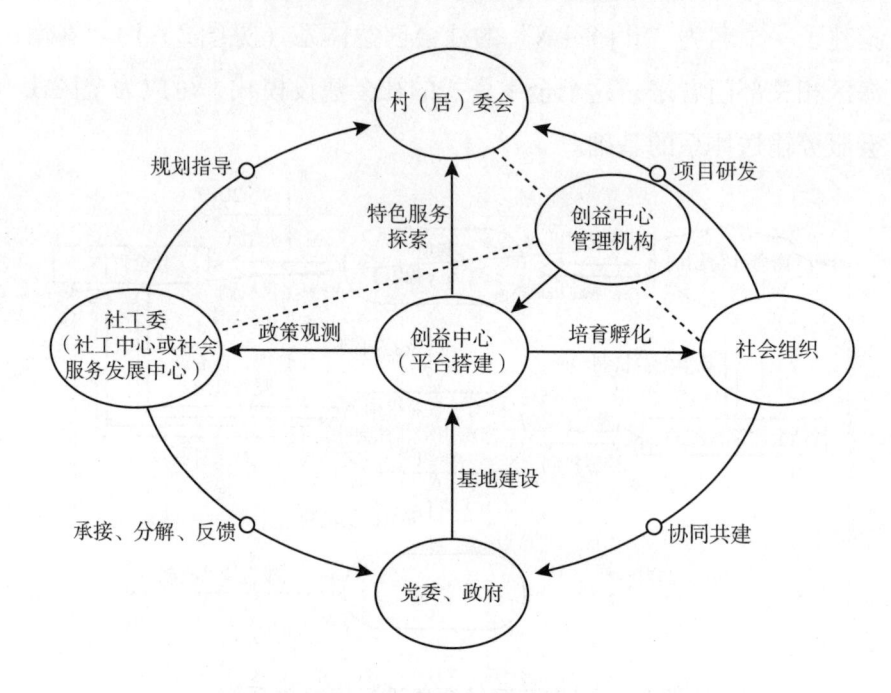

图2-2 南海区创益中心管理机构运作模式

目前南海区、镇街已全面覆盖创益中心（见表2-1），它们承担着孵化社会组织、社会服务项目以及培训社工人才的功能。南海通过区级创益园、镇级创益中心联动式的"基地"建设，扩大南海社会创益地图板块，汇聚广泛的社会建设"基金"，通过"机

---

① 2013年3月，罗村街道并入狮山镇，后成为狮山镇罗村社会管理处，现时南海区共有7个镇街。

构"的培育与"研发"成果,创新"机制"切入社会管理的重点领域,希望能在解决社会问题、满足群众所需的同时,也达到推动社会创益事业发展的效果。

表2-1 南海区、镇街两级创益中心及其成立时间

区/镇街	名称	成立时间
南海区级层面	南海社会创益园	2013年12月
桂城	关爱桂城创益中心	2011年8月
狮山	"孝德·家"罗村创益中心	2014年1月
狮山	狮山树本产业家园	2013年12月
大沥	关爱共融创益中心	2013年6月
西樵	启鸿创益中心	2013年11月
丹灶	有为创益中心	2014年1月
九江	乐善九江创益中心	2014年6月
里水	梦里水乡创益中心	2014年12月

二 区、镇街两级的融资结构

近几年来,南海区政府大力推动购买社会服务,区、镇街两级财政投入在社会服务上的预算连年递增,这为社会工作在南海区的快速发展奠定了雄厚的财政基础。

在区级政府财政投入方面,2012年,由南海区委、区政府设立了"社会建设创新奖励专项资金",由南海区社会工作委员会承办,采用竞争性分配方式,选拔和资助优秀的社会创新服务项目。截至2015年,"社会建设创新奖励专项资金"累计投入了1560万元(不含镇街配套资金),累计资助服务项目119个。在南海区"社会建设创新奖励专项资金"项目中,由社工机构(含高校社工系)承接的项目数量及项目金额均呈递增的趋势(见表2-2)。尤

其值得一提的是 2013—2015 年这 3 年，项目总数从 46 个减到 20 个，但社工机构拿到的项目数却从 10 个上升到 13 个，并且总金额从 70 万元上升到 280 万元。这种变化清晰地显示，在政府购买社会服务的总投入之中，与社会工作相关的社会服务项目越来越受到重视。

表 2-2 2012—2015 年南海区"社会建设创新奖励专项资金"项目汇总

年份	2012	2013	2014	2015	共计
投入金额(万元)	200	400	500	460	1560
资助项目数(个)	18	46	35	20	119
社工机构承接项目数(个)	1	10	12	13	36
社工机构承接项目金额(万元)	10	70	185	280	545

从 2014 年起，由南海区政府主办、南海区民政局联合南海区慈善会协办的"益动全城　家·南海公益慈善创意汇"活动，至今已连续举办 3 届，选拔优秀公益项目给予项目资金支持，截至 2016 年共投入财政资金 580 万元，慈善捐赠资金达 300 万元，共资助 111 个项目开展（见表 2-3）。"益动全城　家·南海公益慈善创意汇"活动不但为获选组织提供项目经费，还向前多走了一步：为获选组织提供非资金支持。这包括能力建设、资源链接、建立伙伴网络等一系列支持方式，目的是确保在实施项目的过程中，获选组织也能得到磨炼和成长。

表 2-3 2014—2016 年"益动全城　家·南海公益慈善创意汇"项目情况汇总

年份		2014	2015	2016	共计
投入金额(万元)	区财政	150	230	200	580
	慈善会	100	100	100	300
资助项目数(个)		40	38	33	111

在镇街这一级，目前南海区各镇街都已经建立了购买社会服务的专项基金（见表2-4），资金由镇街财政资金和社会捐助资金构成，用于购买社会组织服务，撬动社会资源参与社会服务。

桂城街道最早于2009年设立"关爱基金"，"关爱基金"从开始政府主导的资助形式，逐渐转型为企事业单位、社会团体自下而上提出社会需求、设计关爱项目，已形成"党委领导、政府负责、社会协同、公众参与、法治保障"的模式。截至2016年年底，"关爱基金"共资助社会公共服务项目218个，累计投入超过5951万元用于购买社会组织服务（其中2016年投入1122万元），共计646万人次受惠。①

大沥镇于2013年成立"关爱共融基金"并制定经费管理办法，2013年和2014年大沥镇购买社会服务项目达到27项，购买社会服务金额分别为846.53万元和596.38万元。大沥镇2015年出台的社会服务三年规划数据显示，2015—2017年全镇用于购买社会服务的财政资金将达到1215万元、1495万元、1691万元，3年预计超过4400万元。②

里水镇2015年成立"梦里水乡创益基金"，2016年镇财政投入600万元，首年由财政投入600万元，加上里水群益基金（360万元）和慈善基金（900万元），2016年用于社工服务资金规模达1200万元。

狮山镇于2014年设立"树本基金"专项经费，2014年下半年先行安排了35万元，从2015年起，每年各部门财政预算内资金安排300万元作为专项经费用于购买社会组织服务。此外，还将政府各部门每年新增社会工作经费投入，以及社会资金、社会捐赠资金

---

① 数据来源：桂城街道社工工作中心提供。
② 数据来源：大沥镇社工局提供。

等组成的补充经费纳入"树本基金"中,截至 2016 年 6 月 21 日,累计投入 2058.54 万元。①

丹灶镇于 2014 年设立"有为基金",其专项资金投入逐年递增,2014 年度用于开展社会服务的"有为基金"达 259 万元,2015 年度为 450 万元,2016 年达到 890 多万元。

西樵镇于 2012 年设立"至善基金",九江镇于 2013 年成立"乐善基金",都计划分 5 年时间每年投入 200 万元,筹集 1000 万元,用于资助和扶持社会组织开展各类社会服务项目等。

表 2-4　南海各镇街专项基金的资金投入汇总

镇街	专项基金名称	成立时间	投入
桂城	关爱基金	2009 年	累计投入超过 5951 万元
大沥	关爱共融基金	2013 年	截至 2016 年底,累计投入 5843.91 万元
里水	梦里水乡创益基金	2015 年	2016 年镇财政投入 600 万元
狮山	树本基金	2014 年	截至 2016 年 6 月,累计投入 2058.54 万元
丹灶	有为基金	2014 年	累计投入约 1600 万元
九江	乐善基金	2013 年	5 年计划投入 1000 万元
西樵	至善基金	2012 年	5 年计划投入 1000 万元

注:数据为不完全统计,整理自政府文件及相关新闻报道。

近两年来,南海投入社会服务的资金持续过亿元。2015 年南海区政府举办社会服务洽谈会,发布购买社会服务项目共 387 个,项目总金额超过 1.4 亿元;2016 年举办的第二届社会服务洽谈会,发布购买社会服务项目共 416 个,项目总金额超过 1.6 亿元。社会服务项目涉及范围包括养老服务、残疾人服务、医疗卫生、人口和计划生育、公共文化、公共体育、社区建设、社会工作服务、法律

---

① 数据来源:狮山镇社工局提供。

援助、社区矫正、志愿服务等 332 项社会服务类项目以及法律服务、课题研究、社会调查、绩效评估、信息化建设与管理等 55 项政府履职所需辅助性项目。

三　多形式的服务购买方式

目前，南海区政府购买社会工作服务的方式主要有公开招标、邀请招标、竞争性谈判、单一来源采购、询价以及公益创投六种。近 4 年来，公益创投作为一种新型的培育扶持社会组织的形式在南海得到了区、镇街两级政府部门的广泛采用，且越来越成为南海政府购买社会服务的重要方式之一。

社工服务的递送需要问两个问题，即递送给谁，以及由谁来递送。社会服务递送给谁视社会服务需求如何认定（identification of need），一般有两种方式，一种是"自上而下"（from top to bottom）由政府设定的社会服务需求，另一种是由民众、基层或社会组织提出的"自下而上"（bottom up）的需求。以往的政府购买服务方式，无论是公开招标、邀请招标、竞争性谈判、单一来源采购还是询价，均多由政府"自上而下"地确定服务需求，再委托符合资质的社会工作服务机构来承接项目，这种模式有其优势，亦有不足的地方。其有利之处在于，"自上而下"地设定社会服务项目，在有发展级差的区域之间，比较容易做到资源在整个辖区内不同区域的均衡投放。然而，其不足之处也很明显，就是存在政府规划与基层需要之间的脱轨现象。例如，广州与深圳在社工发展中遇到的一些问题，便与主要依靠"自上而下"模式认定社会服务需要有关，导致很多有需要的群体未必得到服务，得到服务的社区又未必真的很需要这类服务。公益创投的特点是允许基层社区提出需求及对应这些需求的服务项目计划，然后由政府通过一定的评审程序来决定是否资助这些服务项目。从理论上看，公益创投能在相当的程度上补充"自上而下"购买服务项目的规划与需要不对应的问题。然而，纯粹由基层认定自己的需要，也会出现视野窄甚或与整个辖区的服务规划相冲突等情况。在南海区，社会服务的公益创投形式是两种模式的融合——政府仅限定服务领域或方向，具体项目内容由基层提出。这样做的原因，一方面是希望能避免纯粹的"自上而下"模式"不接地气"的缺陷，另一方面使由基层提出的服务项目不至于偏离整个辖区的总体服务规划。

在更好地认定基层社区需求的这个方向上，南海有部分镇街做出了更为大胆的尝试。例如，大沥镇便将政府购买服务更多地让权于基层社区，希望把社会服务需求自下而上的认定做得更为彻底，即每个社区由镇和管理处（该镇在镇级政府之下分为东与西两个管理处）共同配套30万元资金，镇级政府只限定该笔经费须用于购买社工服务，至于具体要用在何类服务之上，允许社区充分发挥主动性，立足社区需求而设定。在有着超过40个社区的大沥镇，这一投入格局使整个镇的总体经费规模突破了1200万元。这种尝试有力地赋予了基层社区在社会服务需要上的话语权及在社工机构上的选择权。从理论上看，它使得一种更为适合社区居民需要的、更具社区特色的个性化服务有机会出现。

第三节 南海区社会工作机构概况

自2010年以来，南海区社会工作机构登记注册数量稳步上升。截至2016年12月，在南海区登记注册的社会工作机构有53家，服务于南海的社会工作机构超过76家，且数字在不断攀升中（见表2-5）。

表2-5 南海区社会工作机构登记注册统计

单位：个

年份	2010	2011	2012	2013	2014	2015	2016	总计
机构注册数量	3	1	6	7	8	14	14	53

南海社工行业的发展离不开政府对于社会组织的培育与扶持。纵观南海近7年的社会工作机构的发展历程，其发展特点可归结于以下几个方面。

一 引进市外机构

社会工作行业在南海区的起步阶段，担起拉动行业发展重任的几家领头机构，均是在本地政府的倡导与鼓励下，先由外市引入并在本土登记注册，然后才有纯本土机构的陆续出现。2010年，在本地社工机构数仍为零的基础之上，桂城街道率先引进和扶持了南海启创社会工作服务中心、南海扬帆社会工作服务中心和南海博睿社会工作服务中心3家机构。在此之后，其他镇街也纷纷培育和发展社工机构，并开始出现了完全由本土孕育出来的机构。例如，西樵镇的飞鸿社会工作服务中心和启沅社会工作服务中心，九江的乐善九江社会工作服务中心等。凭借临近广州的地理区位优势，南海吸引了一批周边地区的社会工作机构不断进驻。这种引入并不仅满足了政府遴选承接项目机构的需要，也为本土机构的出现和成长营造了必要的行业氛围。在初期引入的几家外市机构，本身有较为成熟的机构管理、服务人才和服务特色，在某个意义上，它们在本土的社会工作行业树立了"标杆"和"示范"形象——提供学习的对象。除了机构，在社会工作专才方面，南海的引进与学习特点主要表现在督导领域。由于南海区的社会工作机构大部分成立时间都很短，尚不具备有足够一线服务经验的内部人才，同时由于项目规模较小，较难吸引到很多有多年丰富经验的社会工作专业人才加盟。在这种格局下，外部督导力量的引入便显得相当重要。这种聘请资深社工以兼职形式为机构或项目提供督导服务的模式，在大部分活跃的社会工作机构中都能见得到。目前南海社会工作机构的督导力量以香港督导及广深督导为主，通过督导，南海得以分享这些城市在社会工作发展中积累的技术与经验，成为引导和促进本土社会工作机构进步和发展的一个重要力量。

二 社会力量参与

随着外来机构在本地注册数量逐步增加，本土萌芽的社工服务机构也纷纷出现，通过观察这些社会工作机构的多元背景，不难发现很多不同行业的资源也在发展过程中被逐步吸引到社会工作这个行业当中，并扮演着越来越重要的角色。目前南海社工服务机构的背景大致有五类。第一类是有高校或职校背景的社会工作机构，如南海区扬帆社会工作服务中心、南海区启创社会工作服务中心、南海区安和社会工作服务中心、南海区博雅社会工作服务中心等；第二类是有企业背景的社会工作机构，如南海区春晖社会工作服务中心；第三类是有境外背景的社会工作机构，如南海区三一社会工作服务中心；第四类是由心理咨询机构、志愿团体等转型扩展的社会工作机构，如南海区心海榕社会工作服务中心、南海区启沅社会工作服务中心；第五类是由本土热心公益人士发起成立的社会工作机构，如南海区飞鸿社会工作服务中心等。机构背景显示的是不同领域的力量在社会工作行业中的参与，其多元化在某种程度上反映了南海区社会工作的发展撬动了不同领域的资源参与。

三　出台扶持政策

为满足社会需要，南海区政府加大培育社会工作服务机构，通过降低社会组织成立门槛、加大财政扶持、加强管理等举措扶持社会工作服务机构发展。在区级层面，南海从制定配套政策、组织开展社会组织登记管理、强化行业自律和服务标准等方面出发，已经出台社会组织评估及社区社会组织登记管理、备案、扶持培育等系列政策，包括《佛山市南海区人民政府购买社会组织服务办法》、《佛山市南海区民政局关于社区社会组织登记管理的暂行办法》、《佛山市南海区民政和外事侨务局关于社会组织信用信息管理暂行办法》、《佛山市南海区民政和外事侨务局关于社区社会组织备案管理暂行办法》、《佛山市南海区财政局等部门转发关于非营利组织免税资格认定管理有关问题的通知》、《南海区民政局关于社会组织评估实施暂行办法》、《佛山市南海区社会组织评估奖励办法》、《佛山市南海区民政和外事侨务局关于公益服务类社区社会组织财政补贴的实施细则》、《佛山市南海区社会工作人才扶持奖励办法》等。

南海区在区级层面还认定了3家社会工作类枢纽型社会组织，包括南海区社会工作协会、南海区社会工作学者与学生联会、南海区社会服务联会，并将强化3个枢纽型组织的作用，加强与社会服务机构、相关职能部门的沟通与合作，探索社会工作行业自律、服务评估、职业道德规范、社工行业研究、社工人才培育等配套制度和措施。目前南海区正在结合不同服务领域、服务对象的特点和规律，逐步制定行业服务和管理标准，已初步构建了养老服务、医务社工服务等标准体系。

在镇街层面，南海区要求各镇街根据自身情况制定扶持方案，例如狮山、西樵、里水等镇已分别出台了培育和扶持自身社会组织的办法，规范社会服务购买，加强对社会组织的管理和扶持。2016年，在区级枢纽型组织认定出来之后，狮山镇也在本镇认定了罗村社会服务联会为其镇级枢纽型组织。采取这些措施的目的，是希望通过加大对区、镇街的社会团体和民办非企业社会组织的支持力度，吸纳社会组织和社区居民参与社区建设，最终形成政府与社会组织协同治理的合力。

南海区社工服务机构已经经历近7年时间的发展，取得了自身的快速发展，但必须承认整个行业仍处于起步阶段，依然面对着不少的问题与挑战。

第四节 南海区社会工作人才队伍概况

根据《佛山市南海区人民政府办公室关于印发加快推进社会工作人才队伍建设实施意见的通知》（南府办〔2015〕29号）对社会工作人才的定义，社会工作人才是指具有一定社会工作专业知识和技能，在社会福利、社会救助、慈善事业、社区建设、婚姻家庭、精神卫生、残障康复、教育辅导、就业援助、职工帮扶、犯罪预防、禁毒戒毒、矫治帮教、人口计生、纠纷调解、应急处置等领域提供社会服务的专门人员。《佛山市南海区社会工作人才扶持奖励办法》（南府办〔2015〕48号）中所称的社会工作人才，是指考取中华人民共和国社会工作者职业水平证书，或取得广东省、佛山市、南海区认可的社工员证书并在民政部门登记，且在南海区社会工作相关领域工作的全职人员，包括社工员、助理社会工作师、社会工作师和高级社会工作师等。

由于处于社会工作的起步阶段，目前南海区社会工作人才队伍主要有两类来源，一是高校社会工作专业毕业生，二是未受社会工作专业教育但实际从事社会工作者。前者包括从大专到博士各个学历层次的社会工作专业的毕业生,后者的专业背景和学历层次相对多元,多是在民政部门、工青妇系统及民间慈善救济部门工作的实际从业者。

在高校社会工作专业学生方面,近年来南海区高考报考社会工作专业的考生人数逐年增加,2009年仅有20名高校社会工作专业学生,2013年和2014年分别达到了81名和72名(见表2-6),社会工作专业报考人数有较大幅度的增长。另外,南海区本地职业院校加大了对社工人才的培养力度。南海广播电视大学从2014年秋季开始招收社会工作专科学生,累计培育149人。南海区于2015年8月成立区社会工作学者与学生联会,吸纳全国近30所高校就读的本土社会工作专业大学生,并着手建立南海社工人才库,形成全国首创的社工人才培育模式。

表2-6 南海区各年度高考报考社会工作专业考生人数

单位:人

批次名称\年份	2014	2013	2012	2011	2010	2009	小计
第一批本科	5	2	1	6	7	4	25
第二批本科A类	35	39	19	6	13	7	119
第二批本科B类	7	14	16	11	5	3	56
第三批专科A类	16	22	9	12	0	1	60
第三批专科B类	9	3	6	5	3	2	28
高职专科(3+证书)	0	1	3	0	0	3	7
小计	72	81	54	40	28	20	295

截至2016年12月,南海区累计通过全国社会工作者职业水平考试的共有2061人(见表2-7),其中,中级社工师451人,助理社工师1610人,社工员335人,每万人持证社工数达8.9人,各项指标在全市均处于领先位置。①

---

① 数据来自南海区民政局社工人才管理科。

表2-7 南海区2010—2016年度持证社工人员数量

单位：人

年份	2010	2011	2012	2013	2014	2015	2016
持证社工数量	103	230	400	787	1114	1300	2061

近年来南海区政府为推动社会工作人才队伍本土化、专业化发展，出台了一系列的举措。

一 配套人才政策

在社会工作人才的机制保障方面，2014年政府机构改革后，南海区民政局增设社会工作人才管理科，负责推进社会工作人才队伍建设，拟定全区社会工作人才发展规划、政策，统筹全区社会工作人才培训工作等。人才工作被纳入每年工作计划和年度财政预算。在人力、物力、财力上切实保障社会工作人才队伍发展。在配套政策方面，南海区委、区府办出台《关于建设南海区"社会工作+义工"联动体系的意见》（南办发〔2011〕65号），建立财政支持"社会工作+义工"联动发展的制度；南海区委社会工作部和区人力资源和社会保障局联合发文，出台《南海区社会工作人才专业技术职位设置及薪酬待遇指导办法（试行）》（南社部〔2011〕11号），建立合理的薪酬制度，切实提高社会工作人才的工资收入、福利待遇和改善其工作条件。同年11月，在南海区民政局社工人才管理科的积极推动下，南海区人民政府发文《佛山市南海区社会工作人才扶持奖励办法》（南府办〔2015〕48号），具体内容包括对社工人才实行持证奖励、建立人才表彰激励机制、对佛山籍社工学生颁发实习补贴、扶持本土机构成立给予相应补助、对培育和实训基地进行扶持和奖励等。政府从健全体制出发，逐渐加大对南海社会工作人才队伍的政策支持。

二　项目制与岗位制结合

为规范和保障政府购买服务，南海区出台了《南海区政府向社会组织购买服务实施办法》，为政府购买社会服务项目建立了长效机制。在购买服务资金投入方面，区、镇街政府设立购买服务专项资金，目前各镇街已建立的专项基金包括关爱基金、至善基金等，专门用于购买社会服务项目。此外，政府计划在基层社区全面开设社会工作岗位，提出全区249个社区均通过购买服务或独立设置等形式设立社会工作岗位的目标，要求配备至少1名专业社会工作者，并加大对社区服务的投入力度，提升基层社区服务水平。南海综合项目制和岗位制两种购买社会服务的形式，为保障社工人才队伍的发展、社工服务持续稳定开展提供了平台。

三　探索本土社会工作资质体系

由于南海区的社会工作处于起步阶段，行业人才不可避免地有一个从非专业逐渐走向专业化的进程，因此南海区为此设计了一套过渡性的专业资格评价体系。一方面，对社会工作师和助理社会工作师进行登记；另一方面，开发南海区社会工作员认证项目。作为一种过渡性措施，南海区鼓励未考取全国社会工作者职业资格证书但长期在基层社区从事社会服务的工作人员参加社会工作员培训，考取南海区社会工作员职业资格证书，形成"社会工作员—初级社会工作师—中级社会工作师—高级社会工作师"四层的社会工作职业评价体系。截至2016年12月，南海区已开展7期社会工作员培训，累计培养335名社会工作员。

四 培育本土督导人才

南海区通过从外引进与自我培育相结合的手法，引进专业社会工作督导指导本土社会组织成长壮大，促进本土社会工作督导人才的成长。南海从各镇街及NGO中选拔优秀的社会工作从业人员进行督导培育。目前南海区已举办两期本土社会工作督导培训班，有30名学员正式毕业并进入见习督导的岗位工作，第三期15名督导班学员正在培育过程中。

五 成立区社会工作学者与学生联会，探索本土化的人才培育模式

在北上广这些一线城市，不但高校云集，而且还有大量的社会工作的实习和就业机会，和很多二线城市一样，南海区乃至整个佛山市都不具备北上广这些一线城市这种天然的优势。在不容易大量吸引外地社会工作人员流入的格局下，南海区比较现实的选择是先创造机会和空间，让本地的社会工作专业人才回流，得以服务本土。正是为了回应本地社工专业人才不足、专业化程度低、社工人才流失率高的困境，在南海区民政局的支持下，2015年8月，"佛山市南海区社会工作学者与学生联会"（简称"南海社工学会"）正式成立。以本土社会工作学者和社会工作专业大学生为核心会员组建的社会工作枢纽型社会团体，这在全国恐怕是首例。该会以"专业指路，扎根本土"为其组织使命，力求把来自本土的专业社工人才群体凝聚起来，吸引社工专业大学生回归南海，理论研究与实务并重地服务南海，从而建立南海社工人才库，实现南海社工行业与专业人才的供需对接，促进南海社工行业的专业化和本土化发展。

第三章
南海区社会工作项目发展状况

在当代中国，社会工作的发展离不开政府职能转移，政府通过招标等方式将部分公共服务的职能转移到社会服务机构，而这些机构当中相当一部分是社工机构，它们聘用了大量社会工作者。过去几年，南海区在政府职能转移的工作上迈出了相当大的步伐，由此衍生出规模较大的服务外包项目，一批社会服务机构通过投标的形式得到了大量的项目经费，获得了发展的机遇。财政上，由于南海区的区级政府与镇街级政府分别拥有相应层级的公共财政支配权，而区、镇街两级的经济结构又存在差异，施政重点亦各有侧重，故此在社会工作发展的版图中，两级政府在社会工作项目上的投入，无论在力度上还是偏好上均有所不同。本章将会从公共财政与项目的关系出发，探索南海区的公共财政结构以及各镇街的财政实力差异如何影响全区社会工作的发展。

第一节 社会服务财政投入情况

一 财政投入总量大、增长快

随着经济不断发展，人们对社会服务的需求以及期待相应提高。如今我国对社会服务的财政支持已呈现总量大、增长快的趋势。我国在

2011 年国家财政收入为 103740 亿元，较 2010 年增长 24.8%；2011 年 GDP 达 471564 亿元，同比增长 9.2%。以中央民政事业费为例，2007—2011 年，由 1053.4 亿元增加到 2726.5 亿元，5 年间增长了一倍以上。①

南海区在社会服务投入上也呈现相同趋势。《2016 年南海社会服务洽谈会会刊》数据显示，2016 年南海区购买社会服务项目 288 个，共计投入约 8106 万元，项目数比 2015 年增长了 56 个（见表 3-1），投入经费增长了 30.39%。社会服务投入总量大、增长快主要是由经济发展以及社会矛盾不断加剧两方面因素所导致的。经济发展是社会服务发展的重要基础。2015 年南海区成为广东 GDP 十强区之一，GDP 为 2236 亿元，增长 8.5%。西方社会服务发展的历程显示，一个社会进入了经济发展黄金期，随后社会矛盾日益涌现。南海区外来流动人员日益增多，人口老化问题不断凸显，随着城市化发展征地问题导致社会矛盾加剧，政府希望通过购买社会服务的方式缓解社会矛盾，寻求出路。

表 3-1 南海区年度购买项目情况统计

年份	项目数量(个)	金额(万元)
2015	232	6216.59
2016	288	8105.89

二 镇街级财政投入是主力

相比起区级政府的财政投入，南海区镇街级政府的财政投入相当大。在过去几年间，南海区区、镇街两级在社会服务的投入比例上出

---

① 陈利丹：《社会服务财政支持研究》，民政部政策研究中心，http：//zyzx.mca.gov.cn/article/jpdd/201401/20140100571568.shtml，2014 年 1 月 2 日。

现了变化。本报告课题组在以往的政府养老服务外包项目评估过程中发现,在新型社会服务开始发展之初,区级政府积极给予财政支持,目的是铺开全区发展,由区政府统一购买社工服务入驻公办养老院,而再过2—3年之后,开始转变了财政结构,将招标权与项目设计权下放到镇街级政府,与此同时,财政责任也由镇街级政府来承担。因此,区、镇街两级政府在社会服务的财政投入上存在较大差异。而由于各镇街的经济发展水平不一以及财政收入水平有差距,各镇街级政府在社会服务的财政投入与社会服务项目总量上存在一定差异。

镇街级政府的财政投入是主力。2016年南海区区级单位共购买项目46个,合计投入资金约1783万元,与2015年相比增长了15.22%;镇街级单位购买社会服务项目242个,共计投入约6323万元,与2015年相比增长了35.42%。无论从购买项目上还是资金投入上,南海区镇街级政府都是主力。换言之,区级政府在调动镇街级政府财政资源上颇具成效。

从图3-1可以看出,区级单位购买社会服务项目46个,占总项目数的15.97%;7个镇街共购买项目242个,占比84.03%,其中大沥镇占的比例达到26.74%,购买项目的数量居各镇街之首,狮山镇、九江镇、桂城街道购买社会服务项目数量也超过了项目总数的10%。

在购买金额方面,区级单位共投入约1783万元进行社会服务项目的购买,占总支出的22.00%,各个镇街购买项目共支出约6323万元,占比78.00%。在镇街的社会服务项目支出中,大沥镇的投入尤为突出,占到总支出的21.92%。桂城街道、里水镇、狮山镇的支出都超过了总支出的10%(详见图3-2)。

三 东部镇街基础好

各镇街社会服务投入与购买量存在差异,东部镇街发展快。从

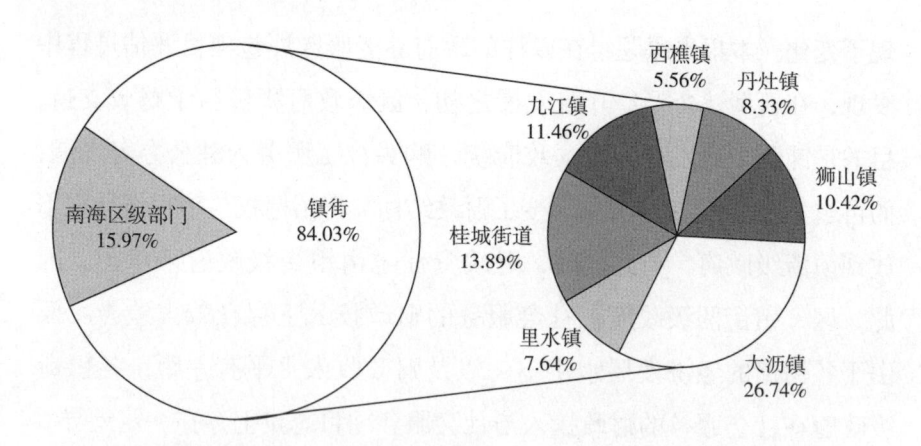

图3-1 2016年南海区区、镇街两级社会服务项目购买数量情况

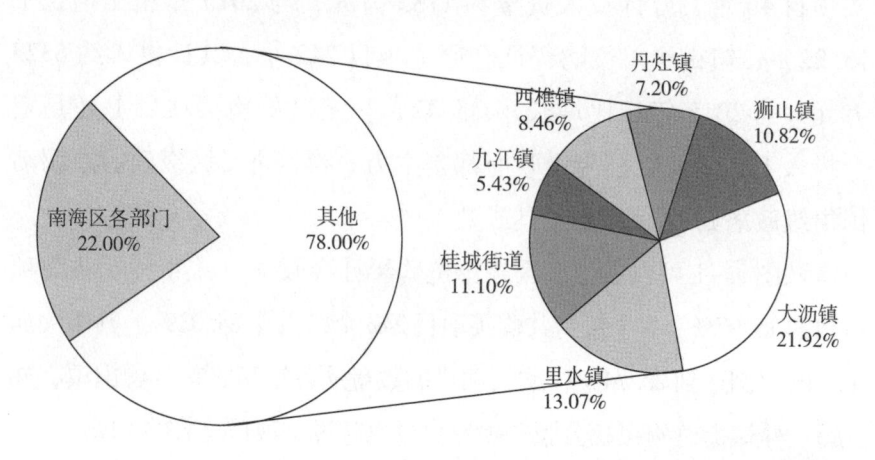

（饼图数据：南海区级部门 15.97%，镇街 84.03%；其中镇街内：桂城街道 13.89%，九江镇 11.46%，西樵镇 5.56%，丹灶镇 8.33%，狮山镇 10.42%，大沥镇 26.74%，里水镇 7.64%）

图3-2 2016年南海区区、镇街两级社会服务项目购买投入情况

（饼图数据：南海区各部门 22.00%，其他 78.00%；其中：桂城街道 11.10%，九江镇 5.43%，西樵镇 8.46%，丹灶镇 7.20%，狮山镇 10.82%，大沥镇 21.92%，里水镇 13.07%）

投入总量与购买项目总量来看，大沥镇于2015年与2016年在社会服务发展上可谓不遗余力，成为南海社会服务发展福地。大沥镇2016年购买了77个社会服务项目，比2015年增加了102.63%，财政投入达到了1777.01万元，比2015年增加了35.53%（见表3-2）。桂城在社会服务与管理中处于早期的示范地点，因此区级政府以及桂城街道政府的社会服务工作一直成为南海区的示范，具有较好的

发展基础。2016年桂城街道购买社会服务项目的数量相比2015年减少了，但也是全南海区第二。而在资金投入方面，2016年桂城的财政投入总量已有所调整与减少。九江镇和里水镇购买社会服务的项目总数与总金额都有成倍以上的增长。较之2015年，九江镇购买社会服务项目数增长了200%，投入的资金额增长了145.08%；里水镇购买社会服务项目的个数增长了120%，投入金额增长了174.14%。尽管九江购买社会服务项目数量与资金投入增长迅速，但实际上，九江的社会服务发展基础比较薄弱，而丹灶也存在如此情况。总体上而言，南海区东部镇街购买社会服务项目与财政投入在总量与增长率上高于西部各镇。这与经济发展水平以及格局息息相关。

表3-2 2016年南海区区、镇街两级购买社会服务项目情况统计

		项目总数(个)	同比增长(%)	项目总金额(万元)	同比增长(%)
区级	合计	46	-14.81	1782.91	15.22
镇街级	桂城街道	40	-4.76	900.00	-10.63
	九江镇	33	200.00	439.92	145.08
	西樵镇	16	33.33	685.68	28.04
	丹灶镇	24	-36.84	584.00	70.51
	狮山镇	30	11.11	876.83	-3.33
	大沥镇	77	102.63	1777.01	35.53
	里水镇	22	120.00	1059.54	174.14
	合计	242	35.96	6322.98	35.42
总计		288	24.14	8105.89	30.39

从表3-3可以看出区级和镇街级购买社会服务项目的人均投入差距。总体而言，南海区政府购买社会服务项目的投入为64.07元。由于

区级人口基数大,涵盖全区126.52万[①]人口,因此人均投入约为14.09元。在镇街方面,各镇街的人均投入存在较大差距,里水镇因其投入金额大,人口基数较小,人均投入居南海区各镇街首位,为81元,是投入较少的狮山镇的两倍有余;紧随其后的是大沥镇,人均购买社会服务项目投入约为70元;再次是丹灶镇,人均投入为64.39元。

表3-3 2016年南海区购买社会服务项目投入情况统计

		投入金额(万元)	户籍人口(万人)	人均投入(元)
区级	合计	1782.91	126.52	14.09
镇街级	桂城街道	900.00	24.80	36.29
	九江镇	439.92	10.57	41.62
	西樵镇	685.68	15.48	44.29
	丹灶镇	584.00	9.07	64.39
	狮山镇	876.83	28.29	30.99
	大沥镇	1777.01	25.23	70.43
	里水镇	1059.54	13.08	81.00
总计		8105.89	126.52	64.07

第二节 社会服务项目细分情况

一 社会服务项目

根据服务的形式来分类,目前可以将社会工作服务大致分为四类:公益创投项目、孵化研发项目、间接服务项目、直接服务项目。公益创投项目包括所有以项目大赛形式进行的公益创投类项

[①] 人口数据来源:《2015年南海年鉴》。

第三章 南海区社会工作项目发展状况

目,这类项目的服务需要由基层提出,其形式区别于政府自上而下地设定好服务内容,然后向社会招标的项目。孵化研发项目包括用于社会组织孵化、进行服务需求调研以及服务模式开发等的支持性项目。间接服务项目在这里是指含有社会工作元素但以其他服务手法为主要内容的社会服务项目,例如居家养老类项目。直接服务项目在这里是指以社会工作手法来提供服务的项目,例如通过个案或社区等开展的社区矫治项目。2016年,政府购买的社会工作项目总数有288个,其中公益创投项目有14个(占4.86%),孵化研发项目有34个(占11.81%),间接服务项目有42个(占14.58%),直接服务项目有198个(占68.75%)。

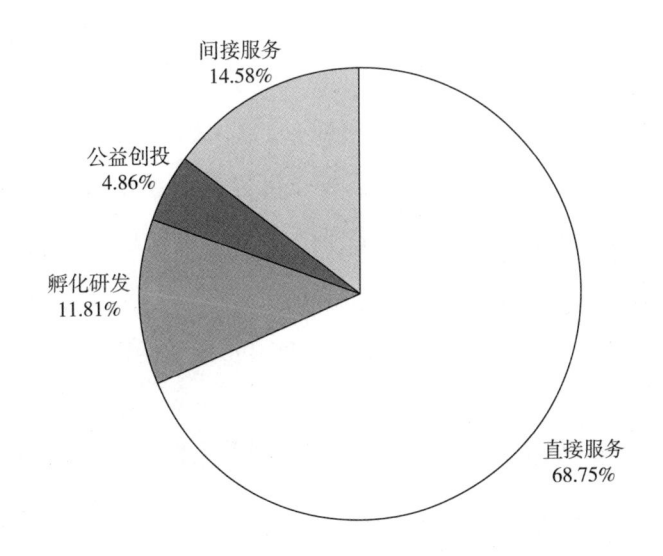

图3-3 2016年南海区购买不同类型项目情况

政府用于购买社会工作服务项目的资金高达约8106元,其中政府投入公益创投项目的经费占社会工作项目总经费的14.91%,孵化研发项目经费占总经费的13.94%,间接服务项目经费占总经费的22.77%,直接服务项目经费占总经费的48.37%(见图3-4)。

间接服务
1846万元，22.77%

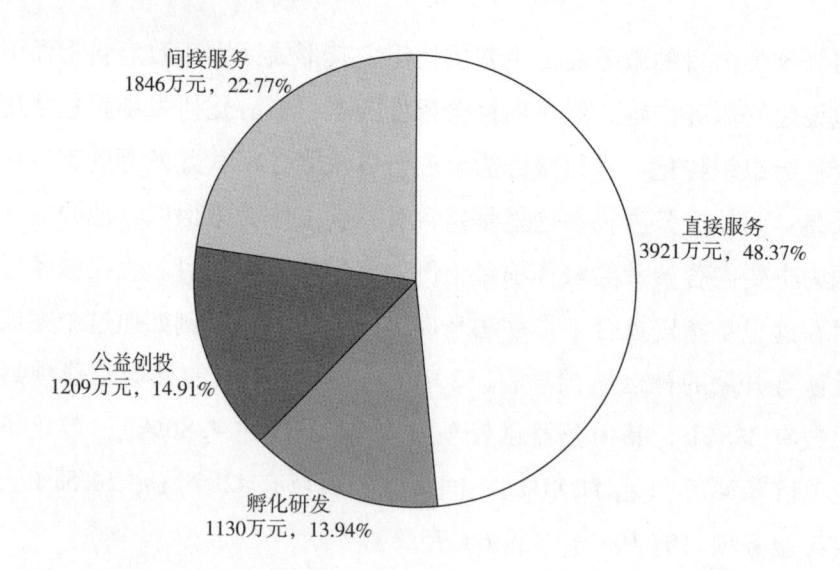

直接服务
3921万元，48.37%

公益创投
1209万元，14.91%

孵化研发
1130万元，13.94%

图3-4　2016年南海区不同类型社会服务项目经费情况

与2015年相比，2016年政府购买孵化研发项目和间接服务项目的数量有所减少，购买直接服务项目数量有所增加，而且增加的幅度较大，而公益创投项目数量则与2015年一样。总体来说，相对于2015年，2016年购买的社会服务类项目数量有所增加，从2015年的232个项目增加到2016年的288个项目（见表3-4）。

表3-4　2015年与2016年四种类型社会服务项目数量情况

单位：个

年份＼项目	直接服务	孵化研发	公益创投	间接服务	合计
2015	117	45	14	56	232
2016	198	34	14	42	288

从图3-4可以看出，2016年，政府在公益创投项目和孵化研发项目上投入2300多万元，在直接服务项目上投入3900多万元，

在间接服务项目上投入1800多万元。这说明用于孵化、创投的经费投入已经超过直接服务项目经费投入的一半，也已经超过间接服务项目的经费投入。另外，虽然2015年与2016年的公益创投项目数量一样，但是2016年比2015年在公益创投项目上多投入400多万元；而2016年购买直接服务项目的数量增加56个，而对直接服务项目经费投入增加了1100多万元（见表3-5）。从中可以看出目前在促进类项目上的投入成本较大，而对直接服务项目的经费投入仍相对不足。

表3-5 2015年与2016年四类社会服务项目的经费投入情况

单位：万元

年份 项目	直接服务	孵化研发	公益创投	间接服务	合计
2015	2790.43	1266.13	751.77	1408.25	6216.59
2016	3920.63	1129.92	1209.00	1846.34	8105.89

二 区、镇街两级社会服务项目分工

南海区区级政府与镇街级政府在职能分工上存在不同，而其购买的社会服务类型也存在差异，这恰恰反映了两者的职能分工以及不同行政级别上的责任分担。

2016年南海社洽会数据显示，南海区区级单位共购买直接服务项目17个，花费286.40万元，占区级社会服务项目总支出的16.06%；购买孵化研发项目15个，共花费487.40万元，占区级总支出的27.34%；购买公益创投项目9个，总开支共955万元，占区级总支出的53.56%；购买间接服务项目5个，共支出54.11万元，占区级总支出的3.03%。总体而言，区一级行政单位对社会服务项目的购买主要集中在更宏观的公益创投类项目以及相关组织与机构的孵化研发项目上。

与之相反，镇街一级则更倾向于购买直接服务和间接服务项目。2016年，南海区镇街一级单位购买直接服务项目181个，投入3634.23万元，占镇街级社会服务项目总支出的57.48%；购买孵化研发项目19个，合计投入642.52万元，占镇街级总支出的10.16%；购买公益创投项目5个，投入254万元，占镇街级总支出的4.02%；购买间接服务项目37个，共计投入1792.23万元，占镇街级总支出的28.34%。区、镇街支出对比详见表3-6、表3-7。

表3-6 南海区区、镇街两级不同类型社会服务项目投入情况

行政级别	项目	直接服务	孵化研发	公益创投	间接服务	合计
区级	投入金额(万元)	286.40	487.40	955.00	54.11	1782.91
	占比(%)	16.06	27.34	53.56	3.03	100.00
镇街级	投入金额(万元)	3634.23	642.52	254.00	1792.23	6322.98
	占比(%)	57.48	10.16	4.02	28.34	100.00

表3-7 南海区区、镇街两级不同类型社会服务项目购买情况

行政级别	项目	直接服务	孵化研发	公益创投	间接服务	合计
区级	购买个数	17	15	9	5	46
	占比(%)	36.96	32.61	19.57	10.87	100.00
镇街级	购买个数	181	19	5	37	242
	占比(%)	74.79	7.85	2.07	15.29	100.00

从表3-6、表3-7可以清晰地看到区、镇街两级购买社会服务类型的差异，区一级更多把资金投入公益创投和孵化研发项目当中，两者占据了区级总开支的近81%，而镇街一级

则更重视服务的投入，无论是间接服务还是直接服务的投入都占据了可观的比例，两者占据了镇街级社会服务总支出的近86%。

可见，区级各单位在社会服务的购买和供给上主要承担宏观上的职能，负责孵化提供社会服务的组织或机构，研发新型的社会服务形式和项目；除此之外，区级各部门还把大量资源放在了公益创投上，鼓励更多组织提出社会服务的创新点子，形成项目方案，通过竞争的形式，筛选优秀项目，以支持和培育一批起步的社工机构或社会组织。创投大赛更多是面向社会组织，尤其是社会团体和民办非企业单位等。

镇街一级单位的社会服务，较多把精力放在直接服务和间接服务上，以提供更微观、具体而贴近市民实际需求的服务。镇街一级由于在日常的工作中更贴近市民，更直接面对市民群众的需求，为他们排忧解难，决定了它们在具体事项的处理上具有天然的信息优势，更深入了解当地人民群众的需求，因此镇街一级把大量的资金投入购买直接或间接服务当中，其中购买直接社会服务资金占到了总投入的57.48%，超过了总投入的一半；购买间接社会服务的资金占总投入的28.34%，占据了较大比重。

与之相反，区级单位则由于对各个镇街组织机构情况、镇街大体需求有所了解，咨询获取更全面，涵盖整个南海区的各个镇街，因此更适合总领性的、具有长远意义的社会组织的孵化研发和多项目的公益创投的开展。从图3-6可以看出，区一级在公益创投项目上的投入占社会服务总投入的53.56%，超过了总投入的一半；投入在孵化研发项目上的资金占总投入的27.34%，也占据了十分突出的比重。

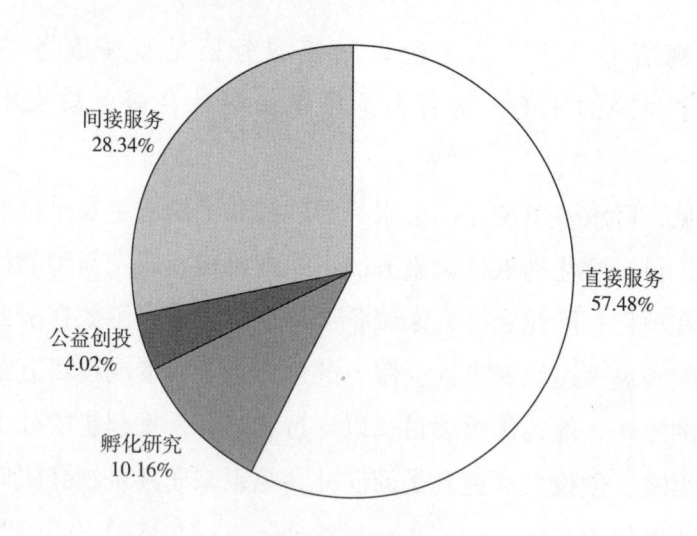

图 3-5　南海区镇街一级单位购买不同
类型社会服务项目的比例

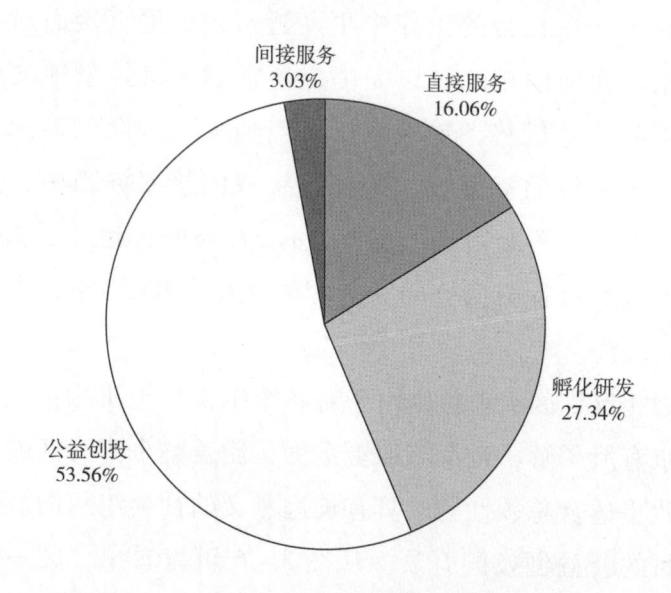

图 3-6　南海区区一级单位购买不同类型
社会服务项目的比例

第三章 南海区社会工作项目发展状况

第三节 问题与挑战

一 区、镇街项目各自为政，尚欠统筹规划

从区、镇街两级购买社会服务的比例可以看出，镇街在其中占据了相当重要的位置，各镇街都花费了巨大的开支在社会服务的购买上，在丰富了社区服务的形式、充实了社会购买的资金、带来各镇街的多样性之余，碎片化的项目购买也带来了项目购买缺乏总体统筹规划，各个镇街运作、需求、标准、起始周期各异以及随之而来的社工机构或组织面临巨大的行政成本和适应压力等问题，给这些机构扎根南海带来了巨大的阻力。

（一）强镇扩权趋势下的镇街财政导致项目碎片化

近年来，南海区各镇街经济持续快速增长，在坚实的经济基础上和巨大的人口压力下，2008年12月，国务院提出，"对具备一定人口规模和经济实力的中心镇赋予部分县级经济社会管理权限"，南海区各镇街因而得到了更多的财权和事权。在经济发展高歌猛进的时代，掌握了与事权匹配的财政资金的各个镇街无疑在社会服务的购买上更具有自主性。基于各镇街特色产业、财政状况、行政程序、服务需求等存在显著差异，其对社会服务的需求迥然不同。在"一级政府一级财政"的原则下，镇街的财权与事权更为统一，对本级财政拥有更大的支配余地，承担起更重大的社会公共管理任务。在此形势下，区级政府和各个镇街根据自身的财政状况和需求独立购买社会服务项目，形成了项目购买方的多样化。2016年南海区区一级购买社会服务项目约1783万元，镇街一级合共购

买服务约 6323 万元，大沥镇、里水镇、桂城街道、狮山镇社会服务项目的购买金额均达到 800 万元以上，占南海区购买社会服务总投入的 10% 以上，形成镇街适应自身需求自主购买社会服务的模式。这种"镇街服务镇街购买"的强镇街模式，短期内可以更贴合镇街自身特色和需求，使镇街行政更高效快捷，但长此以往，区、镇街两级各自为政的社会服务购买模式也带来了南海区社会服务事项上整体目标的分散、项目碎片化等问题，导致各镇街社会服务发展模式不一、发展程度不一等，带来机构扎根南海成本高、地区缺乏统筹规划等弊端。

（二）购买方的多样化带来了项目标准的多样化

镇街自己有钱，它们希望拿着 1000 万、500 万，做好多事情。它们就到处放一些钱给许多项目，但不在意项目的可持续性，也没有意识去深化一些项目。（QC001）

有地区性差异，因为每个镇街体系、项目操作流程、运作需求、开展服务时间、评估和购买标准等基本都不一样。（QZ002）

从访谈中我们可以看到，各个镇街自主购买服务使得项目缺乏统筹，出现了碎片化的现象，带来了两个显著的弊端。首先，项目缺乏延续性。由于缺乏长远规划，部分镇街会根据当务之急购买许多碎片化的服务，许多机构觉得做得不错的可持续性项目没有得到延续，一个个短期具有创新性的项目不断涌现，却都在项目到期后曲终人散，不能继续发展下去，更遑论形成一种长效运转机制。当项目不能延续时，服务团队就不能延续，服务的专业化也就难以实现。其次，经费使用效率不高。南海区购买服务的投入巨大，但产出的一线服务相对经费投入的规模而言却较少,这是因为南海区的社会工作处于起步阶段,部分经费必须用于研发培育之上。从分类上看,这类支持性服务包括了需求调研、服务规划、项目研发、组织培育与能力建设等。在南海区,除了区级相关职能部门投入经费做这些支持性服务外,部分镇街在这些非直接服务项目中的投入也相当大。镇街一级政府是否有必要也提供这么多支持性服务,是一个有争议的问题。一定比例的经费投入支持性服务中,这对于处于起步阶段的社工行业当然是必需的。但要指出的是,在服务走上正轨后,这些开支便应该不再必需,它们中的大部分可陆续转化为直接服务的购买,以增加服务的供给。在实践之中的问题是,由于项目经常不能延续,这些支持性服务的投入就无法缩减其比例,类似的服务到了第二期、第三期仍然要把研发和规划再从头来一次,使得镇级花费了大量的经费在非直接服务之中。一个显而易见的逻辑是:只有提高项目的延续性,才有可能减少继续花在所谓的研发培育之上的经费,财政投入转化成为直接服务的比例才有机会提升。

在走访机构的过程中,我们与多家社工机构深入地探讨了目前公益创投项目的主要问题,梳理了关于长效机制建立的两点思考。首先,机构方必须厘清公益创投和政府购买项目之间的关系,公益创投是发掘新项目,通过扶持新项目培养一批优秀的新机构的手段,求新;而政府购买项目,是向有实力有经验的机构购买可靠的社会服务的一种方式,求稳。因此,机构应该根据自身定位承接适合机构发展的项目。其次,政府要为创投项目建立转化机制,亦即如何为看重"新"的公益创投与看重"稳"的政府购买服务之间搭建一座制度桥梁,使在公益创投中被发掘出来并在实践中证明行之有效的项目可以转化为长效运转的政府购买服务,这是接下来工作中需要考虑的一个重要议题。

（三）多重标准使机构扎根南海、扩大服务区域困难重重

>我们发现，南海甚至佛山，它是由下至上的发展模式。所以给我的印象，不是很精确啊，比如大沥片区，自己有自己的管理方法，丹灶又有自己的模式，狮山都有自己的购买方式。换言之，我们机构要扎根南海，要适应每个地区，包括运营、包括管理、包括财务层面，我们都会有一定的学习成本，要花好多精力不断学习。（DZ003）

>举个例子，如民政部门发一个通知，要求镇街开展工作，我们就会收到7个镇街的通知，让我们去开会，那么行政成本就非常高了。那我们要派7个项目主任去开会，即我们项目所在的地方要求我们都要去开会。（QZ002）

在强镇发展模式下，购买方的多样化带了标准的多样化，各个镇街自身发展的差异和行政程序等习惯会渗透到社会服务项目购买的需求当中，使各机构承接各个镇街项目的操作流程、运作需求、开展服务时间、评估和购买标准等基本都不一样，社工机构或社会服务组织来到南海区扎根不再是适应地区一套管理体系的事情，需要熟悉南海区下属镇街不同的管理模式，包括运营模式、管理模式、财务规范等，这些规则都需要在镇街中长时间地摸索和观察，而摸清楚一个镇街的模式后，这套体系并不能在其他镇街复制，需要从头摸索、学习。这对于一个希望在南海区扎根，扩大服务范围的机构来说无疑是个巨大的挑战，因此有机构表示一些不熟悉的镇街的招投标或创投项目它们都会慎重考虑，以免得不偿失，这就提高了镇街间机构的信息壁垒。另外，镇街的强自主性会增加重复的行政事项，好比采访中提到的区民政局通知7个镇街分别要求镇街

购买项目的承接方开会的状况，这无疑加大了在多镇街服务的机构的行政压力，也造成了资源的浪费。

二 专项与综合服务的两难

社工项目在南海区面临的主要挑战是项目碎片化。碎片化除了带来人力资源分配困难和行政成本相对较高等问题外，还有一个典型的两难，就是如此有限的资源，应该做专项服务还是要做综合服务。例如，大沥镇推的社工项目要做到社区项目点全覆盖，亦即攻综合服务，而桂城街道则是主攻专项服务，一个站点专攻某一类服务。显而易见，综合服务覆盖面比较广，理论上可以较为灵活地回应社区内不同的服务需要，但是因为要把资源放到多个领域，以及从一开始就没有明确的工作方法，所以往往在专业性方面略逊于专项服务。专项服务的专业性比较强，在服务领域内可以做得比较深入，但是其不足也很明显，就是覆盖面比较窄，难以覆盖项目设定的服务对象以外的其他群体的服务需要，这对于整体改善所在社区的氛围可能效果不大。

有机构负责人向我们提到：

> 大沥推的是社区项目点全覆盖。城市、农村一样，定了30万规模，首先铺基础。而桂城则是专攻专项的。桂城看到N个需求，便会打包成专项去做。社区覆盖80%，不是基础服务的覆盖。如社区矫治点设在桂雅，则会说桂雅社区有社区服务了。其实桂雅社区只是做了社区矫治，其他项目如长者、青少年类别的全都没有做，那对于社区来说，只有一个社区矫治，效果不大。

有的机构做的是专项服务，但由于项目规模小，行政事务又不可或缺,于是相对而言,行政成本在整个项目的成本中占了过高的比例。在调研中我们发现,在部分专项服务项目中,受制于项目规模,即使其社会效益较大,不少项目仅能派两个人到一线服务。与此同时,由于同一个机构在购买模式不同、评估标准也各异的镇街都开展服务,本来可以统一由机构总部处理的各类行政事务,结果是每个项目都不得不在站点内分半个人兼顾,例如开会、调研和文书撰写等工作。如此一来,行政成本就挤占了可用于一线服务的人力支出,最终难以达到两个人完全提供一线服务的应有效果。

第四章
南海区社会工作机构发展状况

第三章从公共财政结构与社会服务项目的视角出发，分析了南海区社会工作发展的现状与挑战。本章将会基于社会服务与社会工作机构的发展情况，来对南海区社会工作发展的现状与问题进行一个全面的评估。社会服务机构是承接政府职能转移的主力，而机构性质、人员发展、项目获得方式以及服务成效评价等，无不从微观层面反映着南海区社会工作发展的成效与问题。若缺乏机构层面的分析，则无法掌握社会服务发展大时代下的行动者动态及其策略，也就无法为南海区今后的社会服务发展提供有益的政策建议。本章将分别从机构体量、项目类型、采购主体、服务领域及评估机制等方面，讨论现时南海区社会工作机构的发展情况与存在的问题。

第一节 本土民办非企业单位、小型服务机构是主力军

观察一个地区的社会力量是否活跃，主要看当地的社会组织是否足够活跃。过去几年，南海区社会服务与社会工作发展非常快，除了得益于政府的政策支持以及财政投入外，也有赖于南海区社会组织的不断努力以及不断创新。我国将社会组织分为三类，即社会团体、基金会和民办非企业单位。社会团体是指中国公民自愿组成，

为实现会员共同意愿,按照其章程开展活动的非营利性社会组织。中国目前部分社会团体都带有准官方性质。基金会,是指利用自然人、法人或者其他组织捐赠的财产,以从事公益事业为目的,按照《基金会管理条例》的规定成立的非营利性法人。民办非企业单位,是指企业事业单位、社会团体和其他社会力量以及公民个人利用非国有资产举办的,从事非营利性社会服务活动的社会组织。

2016年课题组收集的"在南海提供社工服务的社会组织数据库"显示,在南海区提供社工服务的社会组织共有75家,其中作为民办非企业单位的社会工作服务中心有67家,社会团体有7家,另有1家基金会(见图4-1)。换言之,南海区的社会工作类社会组织以民办非企业单位性质的社工机构为主力军。这些数字也从一个侧面表明,南海区在调动社会力量、培育草根民间组织方面已初具成效。

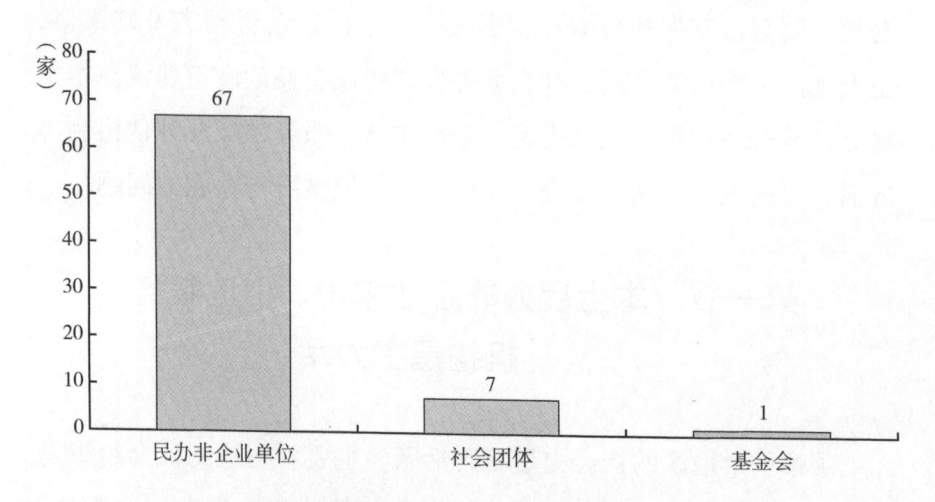

图4-1 在南海区提供社工服务的社会组织性质分类

本土具有民办非企业单位性质的社工服务中心占大多数。如果以在何处注册为区分依据,在南海区活跃的民办非企业单位性质的社会组织有两大类型：在南海区注册的本土机构，以及在南海区之外注册的社会组织。本土机构一般是伴随着南海区社会工作发展大时代而产生，对本地民生议题、本地居民生活习惯、传统文化都有一定的敏感度，但相对而言，由于成立时间短，规模往往较小，发展尚未成熟。在南海区以外注册的社会组织当中敢于来南海区进行项目投标的一般是管理相对较为成熟且规模也较大的机构，它们积累了一定的管理经验，有一套明确的工作流程，有助于提升南海区社会工作行业发展的规范程度，但普遍存在的问题是所谓的"不够接地气"。本章将民办非企业单位性质的社工服务中心按机构注册地分类，发现在本区注册的机构占在南海区服务的社工服务中心的69%，在佛山市（含市级及其他区）注册的社工服务中心占17%，而在广东省其他市（广州、深圳、东莞）注册的机构占14%（见图4-2）。

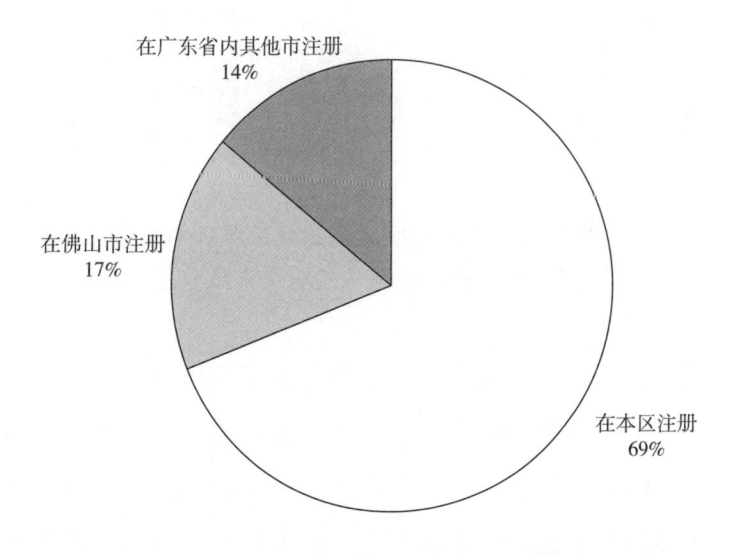

图4-2　在南海区服务的社工服务中心背景分类（按注册地分）

社工机构以小型机构为主。在南海区服务的社工服务中心若以职员人数为机构规模的指标作分类的话,机构职员人数在10人及以下的小型机构有28家,占社工机构总数的49%;而机构职员人数在20人以上的大型机构有17家,占30%;机构职员人数介于10人和20人之间的中型机构有12家,占21%(见图4-3)。总的来说,在南海区服务的社工服务中心以小型机构为多,其次分别是大型机构和中型机构。

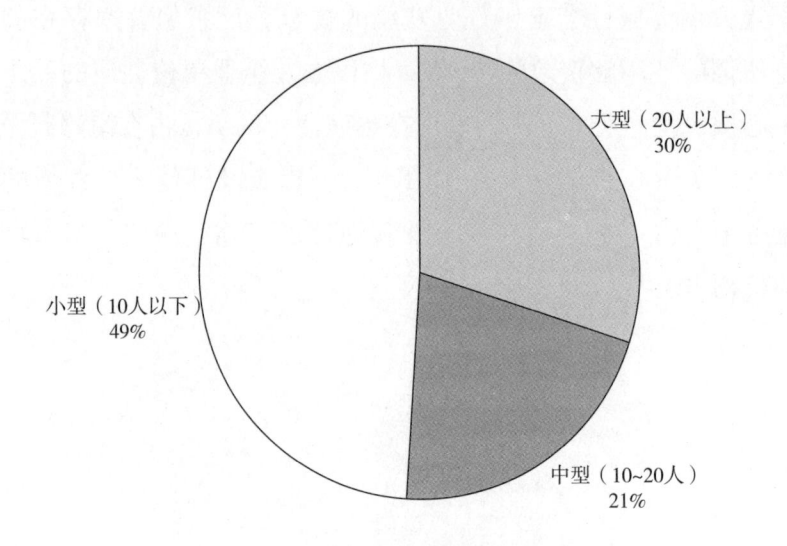

图4-3 在南海区服务的社工服务中心规模分类(按职员人数分)

由此可见,本土的民办非企业单位占了南海区社会组织的大多数,是社会工作发展的主力军。不过,这些本土民办非企业单位性质的社工机构,普遍存在前述各种体量小及能力弱的问题,因此未来南海区要深入推进社会工作发展,需要在本土社会工作机构和外来社会工作机构之间取得必要的平衡,同时也要让民办非企业单位和社会团体以及基金会"协同作战",使三种性质的社会组织都得以发展，最终的目的是拓展多元化的机构发展空间以及社会工作服务，形成良性的竞争环境。

第二节 项目来源多样，公开招标为主

前一章分析了南海区的区、镇街两级政府对社会工作服务投入的公共财政结构，但公共财政结构尚未能反映政府通过各种方式支持社会工作服务。要观察支持方式，比较好的切入点是分析不同项目的采购形式。采购形式能从微观层面反映公共财政如何通过资助社会服务机构来推动社会工作发展。

具体而言，社会工作机构承接项目的方式具有如下几种：招投标、竞争性谈判、单一来源采购及创投大赛等。招投标包括两种方式：公开招标以及邀请招标。这两种招投标方式的区别在于前者是无限制性的招标，后者是选择性的招标。竞争性谈判，是指采购人或者采购代理机构直接邀请3家以上供应商就采购事宜进行谈判的方式。单一来源采购应符合三个条件：①只能从唯一供应商处采购；②发生了不可预见的紧急情况，不能从其他供应商处采购；③为了保证原有采购项目一致性或服务配套的要求，需要继续从原供应商处添购，且添购资金总额不超过原合同采购金额的10%。创投大赛或公益项目大赛，并无一个统一的概念，与公益创投相似，主要是将风险投资的概念运用到公益以及社会服务领域，而创投人可以包括政府或基金会等。

项目的承接方式会影响到社会工作机构资金来源的稳定性。从资金来源稳定性来看，单一来源采购相对于社会工作机构而言其资金来源稳定性较强，招投标以及竞争性谈判有利于政府在多个投标者之中选择最为合适的承接方，而创投大赛则适合培育有创新想法

的项目或者草根社会工作服务机构。

在南海区提供社工服务的社会组织承接项目的采购形式有公开招投标、邀请招标、竞争性谈判、单一来源采购、创投大赛及其他共六类。根据2010—2016年在南海区提供社工服务的社会组织承接项目数据库，62家在南海区提供社工服务的社会组织6年内共承接了521个项目，其中通过公开招投标方式承接的项目有173个，占比33.21%；通过邀请招标承接的项目只有1个，占比0.19%；通过竞争性谈判承接的项目有16个，占比3.07%；通过单一来源采购承接的项目有112个，占比21.50%；通过创投大赛承接的项目有66个，占12.67%；通过其他方式承接的项目有153个，占比29.37%（见图4-4、图4-5）。

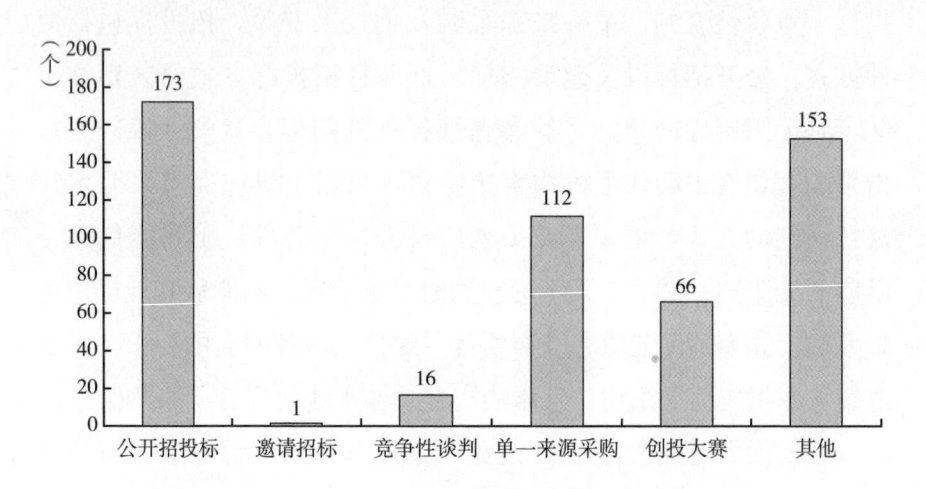

图4-4 在南海区提供社工服务的社会组织通过
各类采购方式承接项目的数量

再者，采取各种采购方式购买项目的总金额和所承接的项目数量分布相当。项目购买总金额最多的方式是公开招投标，总金额达到9520.92万元；其次是其他方式，总金额达2070.66万元；再次

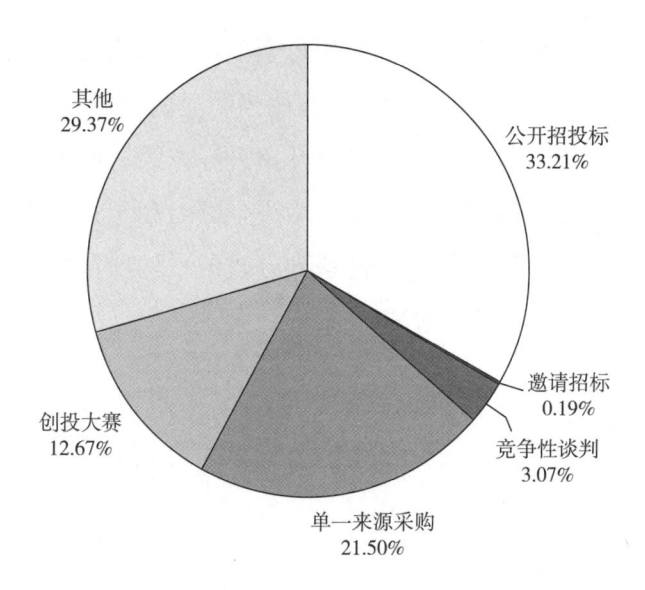

其他 29.37%
公开招投标 33.21%
邀请招标 0.19%
竞争性谈判 3.07%
单一来源采购 21.50%
创投大赛 12.67%

图 4-5　在南海区提供社工服务的社会组织通过
各类采购方式承接项目的比例

是单一来源采购方式，总金额为 1553.64 万元；接下来依次是创投大赛、竞争性谈判和邀请招标（见图 4-6）。

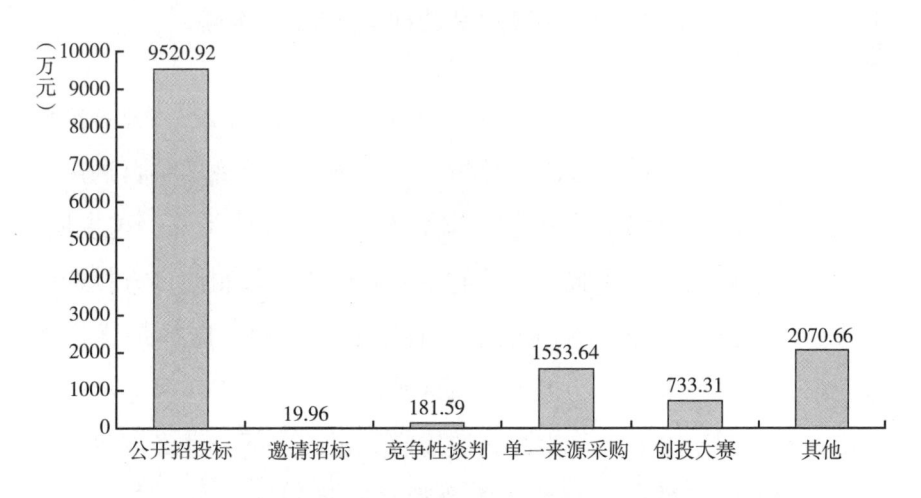

（万元）
公开招投标 9520.92
邀请招标 19.96
竞争性谈判 181.59
单一来源采购 1553.64
创投大赛 733.31
其他 2070.66

图 4-6　各采购方式的项目购买总金额

如果计算各种采购方式平均到每个项目上的购买金额，可以发现当中的分布与图4-5、图4-6有相当明显的差异（见图4-7）。平均项目购买金额最多的依然是公开招投标方式，但随后是邀请招标。单一来源采购方式的平均项目购买金额略高于其他方式的，两者分别位列第三、第四。竞争性谈判方式的平均项目购买金额也略高于创投大赛的，两者分别位列第五、第六。

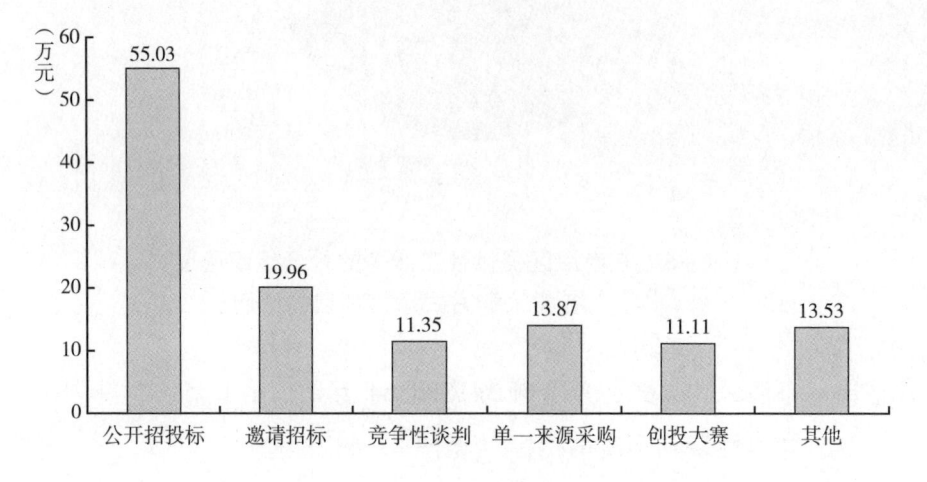

图4-7　各种采购方式的平均项目购买金额

从对上述数据的分析中可以归纳出以下几点。第一，公开招投标方式占了大头。这种方式在总量上、金额上以及平均项目购买金额上都在南海区政府采购社会工作服务项目上拔得头筹。这说明，南海区在采购社会工作服务项目时主要倾向于无限制性多方投标的方式，以保证政府处于有利位置，通过多方比较，选择最优承接方。第二，单一来源采购也是南海区政府采购社会工作服务项目的主要方式之一。这说明，南海区政府有意保证一部分已经成熟的社会工作服务项目的资金来源、主要项目的稳健性以及长期社会效益。第三，创投大赛是近两年兴起的资金支持模式，也得到我国各地的追捧，而南海区在举办创投大赛方面十分积极，通过创投大赛也培育了一批有创意的项目以及草根社会工作组织。第四，通过公开招投标以外的所有其他购买方式采购的项目，大约占了所有购买项目的 2/3（见图 4-5），这显示，大量碎片化项目出现可能与这些项目的招标方式有关。

第三节　采购方以镇街为主、职能部门为辅

采购形式会影响到资金的稳定性，而采购方的特质则会影响到承接方（即社会组织）进行项目设计、与采购方的沟通成本以及整个投标流程等事项。目前南海区社会工作项目采购方主要分为两大类型：第一，各级政府部门（含基层社区）；第二，政府以外的社会组织、事业单位等。相对而言，前者作为采购方具有一套相对完整与严格的采购流程和标准，后者则更加贴近具体以及实际情况，采购流程更加灵活化。

根据 2010—2016 年在南海区提供社工服务的社会组织承接项目数据库，从项目购买方来看，在南海区提供社工服务的社会组织承接项目的购买方的首要来源是镇街政府，这一类型的项目共有 239 个，总金额达 10219.61 万元，在所有类别中可谓绝对主力；其次是区、镇街两级的各职能部门，尤其是区民政局、社工委以及青工妇系统；再次是基层村（居）委会及其他。按承接项目的平均金额来算，较大的项目多数为镇街政府购买（平均 42.76 万元），其他购买方的项目普遍在 20 万元或以下，这是南海区社工项目"碎片化"在数量上的一个呈现。

从对项目数与项目金额的分析中不难看到，南海区的社会工作组织发展主要是依靠各级镇街政府（尤其是各镇街社工局、社工

委及专项基金）提供的资助。由于村委会以及居委会均为居民自治组织，基层社区的经济合作社使其具有财政来源的主动权以及决定权，成为在选择社会工作项目中具有较大权力的另一类主体。站在社会工作机构的视角来看，这两种类型的采购方在沟通成本上存在较大的差异，这主要反映在两个层面上。首先，沟通成本不同。如果由镇街社工局统筹全镇的服务购买，只需要跟镇街谈就可以了；但如果基层社区（含村委会和居委会）在购买上有话语权，则必须逐个与村（居）委会洽谈。其次，基层社区与镇街的侧重点不同。基层社区相对而言会更加重视当地居民的需要以及更希望看到立竿见影的服务成效；镇街社工局由于要统筹全镇几十个社区，其项目往往在中观层面，并且可能有中长期策略，相对而言会更关注项目的整体效益以及社会影响。

根据2010—2016年在南海区提供社工服务的社会组织承接项目数据库，本研究划分了机构开始在南海区承接社工项目至今和2015—2016年度两个时间段，确定了承接的项目数量（个）、承接项目的总金额（万元）和项目平均承接金额（万元）3个指标作为对比各机构实力的指标。具体数据如表4-1所示，亦可参考附录一。

表4-1 在南海区提供社工服务的社会组织从各购买方承接项目的数量、总金额和项目平均承接金额

购买方	承接项目数量（个）	承接项目总金额(万元)	项目平均承接金额(万元)
村(居)委会	39	541.03	13.87
基金会	8	75.42	9.43
医院	10	302.01	30.20
学校	9	88.00	9.78

第四章 南海区社会工作机构发展状况

续表

购买方		承接项目数量（个）	承接项目总金额（万元）	项目平均承接金额（万元）
社会福利机构（公办敬老院）		7	179.45	25.64
社会团体		11	71.73	6.52
社工机构		2	1.25	0.63
企业		1	10.00	10.00
镇街级	镇街政府（社工委/社工局、镇街专项基金）	239	10219.61	42.76
	镇工青妇	41	581.33	14.18
	镇司法所	7	120.57	17.22
区级	区民政局	58	658.34	11.35
	区社工委	29	606.52	20.91
	区工青妇	19	231.83	12.20
	其他政府部门（卫计、信访、文体、政法委、检察院、城乡统筹）	6	189.52	31.59
	区慈善会	9	79.78	8.86
市级	市民政局	10	111.74	11.17
	市社工委	5	50.00	10.00
	市工青妇	4	5.15	1.29
	市慈善会	2	35.00	17.50

第四节 多元服务领域

服务领域的分布可以体现一个地区对于某些社会问题以及社会议题的关注点。服务领域可以按照以下两个标准进行划分。第一，按照服务对象的特点进行划分。第二，可以按照专业服务领域以及综合服务领域进行划分。按照南海区现行的社会服务项目，本章将社工服务领域划分为如下几种：儿童、妇女、家庭、青少年、长者、职工、社会矫正、社会康复、医务以及社区。

2015—2016年在南海区提供社工服务的社会组织总共有275个有效样本，主要集中在社区、青少年、长者和社会康复领域，分别占29%、16%、13%、12%。其余的如社会矫正、儿童、职工、家庭、医务、妇女等服务领域开展的项目数分别占8%、7%、6%、3%、3%、3%（见图4-8）。

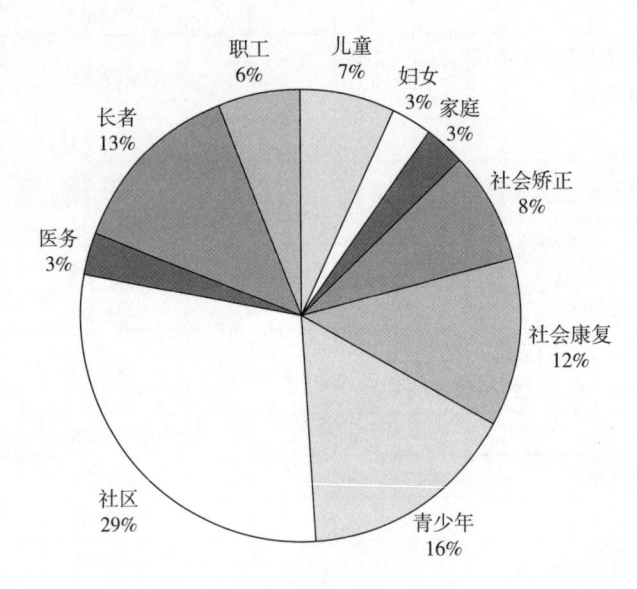

图4-8 在南海区提供社工服务的社会组织历年承接的
直接社工服务领域分布

由此可见，南海区已经在社会工作服务上不断拓展服务领域，这是个可喜的局面。南海区在社会服务起步之时，往往关注家庭以及青少年，因此亲子活动以及青少年服务比较容易建立信任关系。而随着香港经验的引入以及本土社会其他问题的涌现，南海区不断拓展社会工作服务，包括长者、医务以及其他专业社会工作服务。而针对社区的社工服务相对占较大比例，这可能与南海近年施政重点有关系，其关注社区营造以及基层建设，通过社会服务的方式推动社区善治。

第五节　评估机制

社会组织的良好发展离不开健全的评估机制。评估机制主要有三种作用：第一，协助政府评定项目承接方的表现以及决定下一个合作阶段是否续约；第二，协助社会组织本身改善自身管理方法、发现服务问题以及提升服务质量；第三，评估结果的公开有助于公众监督与参与，促进社会组织、政府以及公众在社会问题讨论上的多方互动。一般而言，评估周期视乎项目的阶段与时间可以分为中期评估与末期评估。社会组织评估一般包括自我评估、购买方评估与第三方评估。而评估结果的运用包括奖励与惩罚，其具有十分重要的意义，不可忽略。

南海区社会服务与社会工作项目着重于末期评估。在南海区提供社工服务的社会组织在2010—2016年承接的518个项目[①]中，进行中期评估的项目有262个，占50.58%；共有246个项目没有进行中期评估，占47.49%（见表4-2）。进行末期评估的项目数量略多于进行中期评估的项目数量，占52.90%，而没有进行末期评估的项目也占32.05%（见表4-3）。

表4-2　在南海区提供社工服务的社会组织

历年承接项目的中期评估状况

有无进行中期评估	项目数量（个）	占比（%）
有	262	50.58
无	246	47.49
缺失数据	10	1.93

---

① 62家服务于南海的社会组织提供的社工服务项目有521个，去除无法统计金额的3个项目，有效样本为518个。

表4-3 在南海区提供社工服务的社会组织
历年承接项目的末期评估状况

有无进行末期评估	项目数量(个)	占比(%)
有	274	52.90
无	166	32.05
缺失数据	78	15.06

评估方以项目购买方为主。在249个有效样本中，53.41%的在南海区提供社工服务的社会组织历年承接项目由项目购买方进行评估，46.59%的项目由第三方进行评估。第三方评估中以社会团体、民政部门和第三方社工服务中心为主要评估方（见表4-4）。评估主体以购买方以及第三方为主导这两种方式具有不一样的取向。购买方更加注重从政府自身关注点出发，往往对项目的评估具有侧重点与焦点，容易发现问题所在，但购买方作为评估方也容易因为购买方偏好而非综合地看整个项目的表现来评估其成效，缺乏必要的客观性及可靠性。第三方作为评估方讲求客观性以及独立性，从多方角度出发，不仅仅是作为购买方的政府，还包括同行以及社会公众，因此第三方评估的结果相对更具可靠性。从现行第三方评估主体的比例来看，社会团体作为第三方评估方的比例最大，占了将近两成。相反，以高校作为第三方评估方的比例则较小。

由行业内的其他社会组织（含社会团体及其他社工机构）进行第三方评估，尽管理论上存在一定的合理性，然而在实践之中，由于整个行业在本土的发展时间相对较短，社会组织之中能组织起来的有足够评估资质的专家其实相当有限。同时，由于行业内错综复杂的人际关系，如何有效地避免评估专家与评估对象之间的利益关联，也是值得留意之处。相对于行业内的其他社会组织而言，高校的评估方法偏向于学院派，但高校的严谨性以及独立性较强，若选择有资质的高校或者有高校背景的社会团体作为第三方进行评估可以增强项目评估机制的科学性与严谨性，与此同时也可以深化对项目的未来设计与展望，因此未来对在南海区提供社会服务的社会组织进行评估时，可以适当地增加高校或有高校背景的社会团体作为第三方的比例。

表 4-4 在南海区提供社工服务的社会组织历年承接项目的评估方统计

单位：%

评估方		各方评估项目数量占比
购买方		53.41
第三方	第三方社工服务中心	7.63
	基金会	6.83
	社会团体	19.28
	民政部门	8.84
	高校	0.40
	个人	0.40
	其他	3.21

评估结果的运用是评估机制的重要方面。目前南海的社工服务的评估结果共有四种：优秀、良好、合格以及不合格。评估结果往往会影响到项目下一周期续约的可能性。若项目评估为不合格，通常情况下项目是不可能获得续约的。在 191 个有效样本中，在南海区提供社工服务的社会组织历年承接项目中，末期评估获得"优秀"的项目占 32.46%，"良好"的项目占 48.17%，"合格"的项目占 18.85%，仅有 1 个项目"不及格"（见表 4-5）。当然，社会工作项目涉及的服务领域不相同，不同评估方采用的评估体系必须存在差异，评估专家基于评估标准做的判断也难免会有一定差

异。总的来说，在经过适当程序后得出的评估结果，在级别上差别应不会太大，这样的评估结果应具有一定的可比性。尽管如此，由于在实践中评估结果只有四类，这个结果如何令项目在下半段或后一期中的实施有所改进，其实并没有机制提供协助或予以约束。合理的评估机制，应是购买方与承接方对评估结果进行回顾、讨论，在第三方提出的建议基础上进行可操作的策划，有针对性地解决评估发现的问题，以更好地运作项目的下半段或下一期。

表4-5　在南海区提供社工服务的社会组织历年承接项目的评估等级统计

单位：%

评估等级	各评估等级项目数量占比
优　秀	32.46
良　好	48.17
合　格	18.85
不合格	0.52

第六节　问题与挑战

根据对在南海区提供服务的大型社工服务中心的访谈报告，可以观察到，目前南海区社工机构在发展过程中尽管取得了一些成绩，但也遇到了不少的挑战，例如它们普遍面对着项目碎片化，招标、评估方式参差不齐，经费灵活性不足，项目资源支持度不足以及创投项目欠缺连续性等问题。有挑战便会有回应，面对上述挑战，不同的社工机构有不同的应对策略，并把这些应对策略融入机构发展规划之中。这些嵌入了应对策略的发展规划可以分为以下几类。

第四章 南海区社会工作机构发展状况

一 立足于原有服务项目,发挥既有服务领域优势

南海区内大部分机构都仍处于发展阶段,因此进一步发挥既有服务领域的优势,发展原有的服务项目,尽力保持项目的连续性是多数机构所追求的。提升既有项目的服务品质是大势所趋,但在发展的方向和程度方面,不同的机构有不同的特点。

部分机构有较好的专业基础及项目资源,因此在做未来计划时将更加肩负起引领行业发展的责任。在占比较高的青少年、养老及社区服务等领域,区内一些较大型的机构表示,希望未来能专注于将这几个较为成熟的服务板块做成精品。它们的目标也很明确,就是希望通过精品项目使机构在某个服务领域中成为行业龙头,基于此再建立起一套相关领域的服务标准,并将其向全区推广。

同时,也有一些机构受自身发展规模及资金的限制,对本土的行业规则及政府购买规则适应起来有一定困难,短期内都不会考虑拓展新的服务领域或在其他镇街开展服务。这一类机构会更加注重立足于原本的服务领域,在相关的镇街站稳阵脚,提升既有项目的服务质量和水平。采取这种规划的机构,主要的顾虑是团队的稳定性:这类机构在既有的服务项目上,更多面对着资源及人手的不足尤其是行政人员不足的困境。因此,集中机构资源守住已有的优势项目,尽力保持项目的连续性,在当下比较符合这类机构的实际情况。

二 拓展服务领域,填补区内服务领域分布空缺

区内一些较为成熟或大型的社工机构,由于在进行未来规划时除了进一步提升既有项目的服务品质,保持原有的社区服务优势外,也加入了拓展服务领域的内容。这部分机构大多表示希望能将

项目拓展到区内较为缺失的服务领域（如扶贫济困、弱势群体、康复医疗等），获得更多的资源和支持，并在单一镇街试点的基础上，将好的服务项目模式推广到各个镇街。

另外，也有机构表示将在未来把拓展的方向放在孵化基地方面，加强与政府、党支部的相关合作，密切机构与行政机关的交流，从而将行业政策推向更有利于机构发展的方向。

三 参与公益创投，追求创新项目

除了立足于原有的服务领域及拓展项目至区内较为缺失的服务领域外，区内社工机构未来还有计划鼓励同工积极参与公益创投活动，开发创新特色项目。鼓励参与公益创投的方式有两种：一是机构作为一个整体积极参与各类公益创投活动；二是鼓励机构内的社工，运用机构资金独立进行公益创投。参与公益创投活动，在这个语境下的意思有两层：一是以开发特色项目为目标，创新服务领域，从各镇街各社区独特的需求出发，基于实践设计出新的特色项目；二是通过公益创投，盘活机构内资金，使机构提供的服务更为灵活。有个别机构认为，一些公益创投活动过于强调创新，而创新往往缺乏现有标准作为参照，如何客观地比较创新项目与现存项目之间的优劣便成为一个难题。有些时候，公益创投的结果可能是，一些较为成熟且需求较大的项目在一些形式新颖但缺乏实践基础的项目面前缺乏竞争力。总的来说，大部分机构都将公益创投视为未来拓宽服务领域、突出机构特色与增强机构活力的重要发展方式，并将其纳入未来的发展规划之中。

第五章
南海区社会工作人才发展状况

本章将介绍南海区社会工作服务机构人才的整体情况,包括社工服务机构的从业人员以及社工机构督导两个层面的现状、特点和面临的挑战。社工人才数量和质量是检验一个地区社工行业发展程度的重要维度。南海区社工行业经历了7年的发展,在社工人才培育和发展上积累了一定的成功经验,同时也面临与其他发展中地区类似的困难和挑战。通过这些数据和分析,来透视南海近些年来社工人才发展的成绩与不足,相信能够为今后的南海社工行业发展带来启示和裨益。

第一节 南海区社会工作人才队伍发展现状

一 女性从业者占绝大比例,社工队伍年轻化

2016年5月课题组收集的"在南海提供社工服务的社会组织数据库"显示,南海区76家社会服务机构共有682名工作人员。其中,女性占比超过八成,占总人数的82.26%,男性占比低于两成,只占总人数的17.74%(见表5-1)。南海社工行业男女从业人员呈现显著的不均衡特点。

表 5 -1　南海区社会工作人才队伍性别状况

性别	男	女	合计
人数(人)	121	561	682
占比(%)	17.74	82.26	100.00

社工人才队伍呈现年轻化的趋势，以"90后"、"80后"为主，20—29岁社会工作从业者占总人数的74.78%，超过七成；而30—39岁的社会工作从业者占总人数的20.97%，约占两成；40—49岁的社会工作从业者占总人数的3.37%，50—59岁的社会工作从业者占总人数的0.44%，40岁以上的从业人员占比较低（见图5-1）。

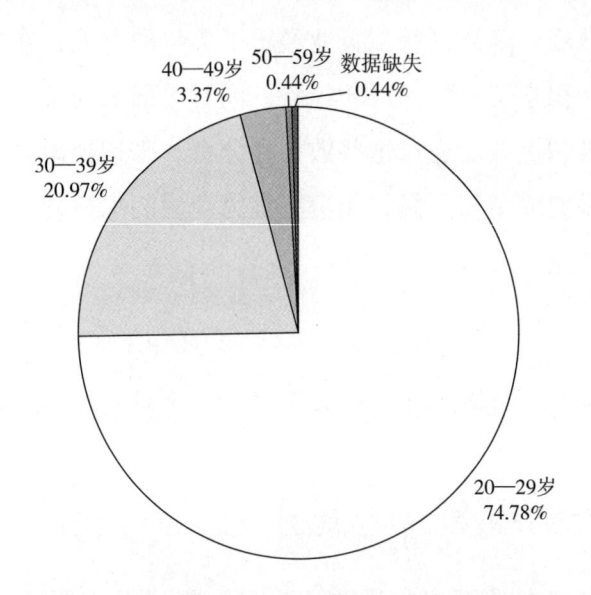

图 5 -1　南海区社会工作人才队伍年龄结构

社会工作服务机构人员的年轻化和性别失衡造成机构的人力结构性矛盾。女性从业者的年龄段过于集中，很可能造成机构同一时间出现多名孕产假"离岗"人员，她们很可能是一线服务或机构管理的主心骨。根据2016年新修订的《广东省人口与计划生育条例》，广东省女职工可享受最少178天的产假。这些现实给机构的人力资源、发展以及服务稳定性带来重大的考验。

二 社工人才以佛山户籍、本科学历为主，多来自省内高校

根据数据库的资料，在南海社会工作服务机构的682名从业人员中，除去14个资料缺失项，有447名为佛山本市居民，占总人数的65.54%；有170名为广东省其他市居民，占总人数的24.93%；只有49名社工人员来自外省，占总人数的7.18%；境外（香港、澳门）的社工人员有2名，占总人数的0.29%（见图5-2）。

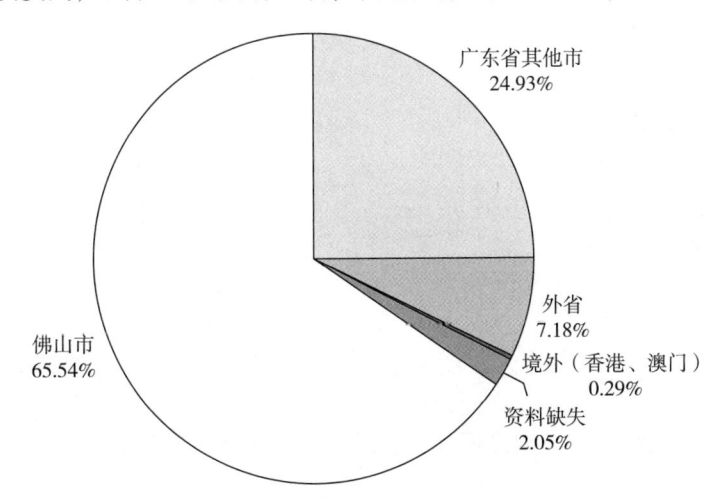

图5-2 南海区社会工作人才队伍户籍状况

由上可见，超过半数的社会服务工作者会选择留在自己的家乡，延续一贯的生活习惯，减少额外的适应外部环境的成本。同时省内周边地区的社工人才也是南海社工人才队伍的重要补充。这说明吸引专业出身且来自本土的社工人才回归家乡发展是推动社工人

才本土化的现实要求和未来的重要发展趋势。

从这682名从业人员就读高校的地域分布可以看到,广东省内高校的毕业生有574人,占社工人才队伍总人数的84.16%(见图5-3),这个比例大致与广东省内户籍的社工从业人员数量相当。这说明,广东省内户籍的学生更愿意留在省内高校就读,而南海社工人才的主力军也主要来自广东省内的高校。这启示我们,未来南海社会服务行业应与省内开设社工专业的高校在实习和就业等方面加强人才培育和引进的合作。

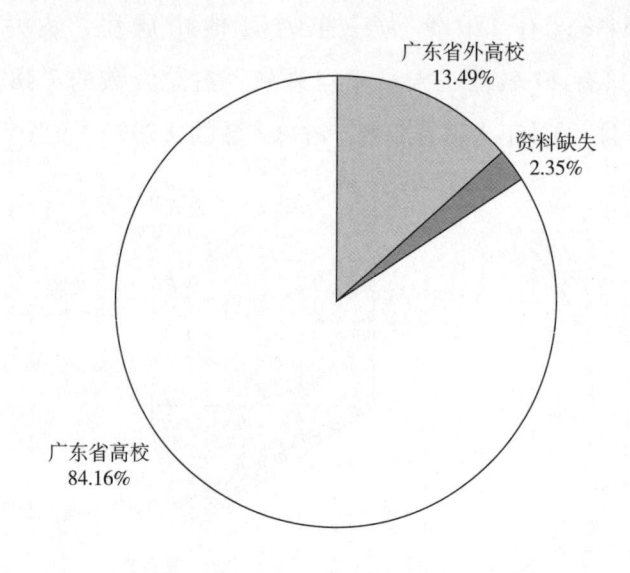

图5-3 南海区社工人才就读高校地区分布情况

从这682名从业人员的学历情况来看,共有678个有效数据,其中中专或以下学历有19人,占总人数的2.79%;大专学历205人,占总人数的30.06%;本科学历427人,占总人数的62.61%;硕士学历26人,占总人数的3.81%;博士学历1人,占总人数的0.15%(见表5-2)。从中可看出,南海社会工作人才以本科和大专学历为主,硕士及以上高学历人才的数量还稍显不足。

表5-2 南海区社工人才学历水平统计

学历水平	人数（人）	占比（%）
中专或以下	19	2.79
大专	205	30.06
本科	427	62.61
硕士	26	3.81
博士	1	0.15
资料缺失	4	0.59
合计	682	100.00

三 社工人才区域分布较不均衡

在南海区社会工作服务机构的682名从业人员[①]中，剔除无效数据125个，有效样本为557个。其中，南海区级层面[②]的社工人才有80人，占总人数的11.73%；桂城街道社工人才资源最为密集，有121人，占总人数的17.74%；其次是大沥镇，共有119名社会工作人员，占总人数的17.45%；西樵镇有社工人才76人，占总人数的11.14%；狮山镇有社工人才75人，占总人数的11.00%；丹灶镇有社工人才36人，占总人数的5.28%；有29名社工人才在里水镇工作，占总人数的4.25%；21名社工人才在九江镇工作，占总人数的3.08%（见图5-4、图5-5）。

整体上，南海区社工人才呈现地区分布不均的状况，东中部地区（桂城、大沥、狮山）社工人才队伍发展较快，主要原因是基础配套设施较为完善，社会服务购买力度较大，而财政实力较弱和

---

① 本数据只含在南海区服务的社工机构从业人员数，已剔除在本机构任职但在其他区服务的人员。
② 只填写南海区但没有标明在哪个镇街工作的人员，以及填跨区工作的，皆归类为南海区层面社工人才。

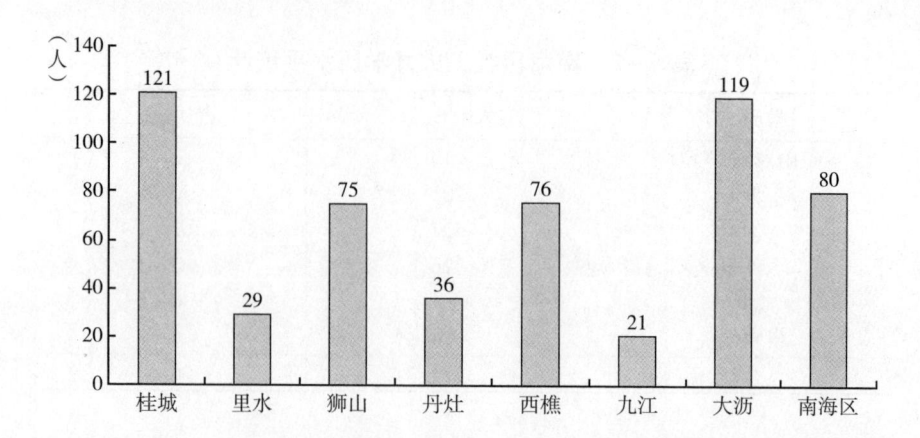

图 5-4 南海区社工人才镇街分布数量

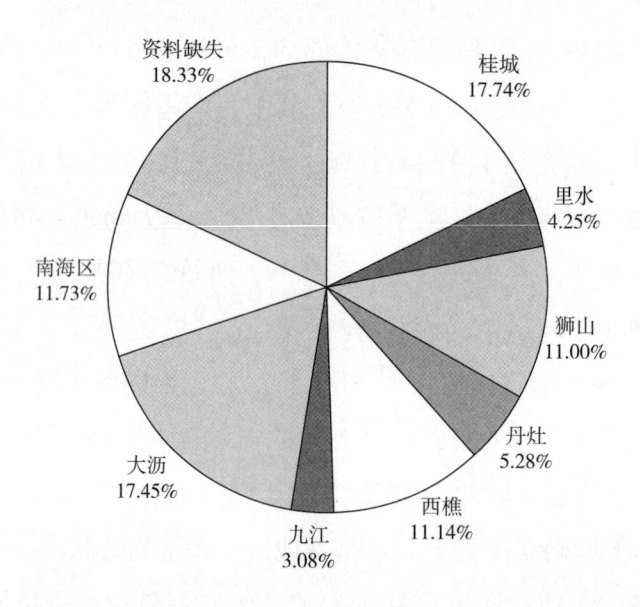

桂城 121、里水 29、狮山 75、丹灶 36、西樵 76、九江 21、大沥 119、南海区 80

图 5-5 南海区层面及各镇街社工人才分布情况

资料缺失 18.33%、桂城 17.74%、里水 4.25%、狮山 11.00%、丹灶 5.28%、西樵 11.14%、九江 3.08%、大沥 17.45%、南海区 11.73%

基础设施较为落后的西部镇街则在吸引社工人才方面略显乏力。

有些比较偏远的、城市配套不太好的镇，反而是需要加工资才能找到人的。上年的情况是，桂城更容易招人，反而是大沥更难招。我想在大沥招一个社工，招了3个月也找不到合适的。（QC001）

从与机构的访谈资料可以看到，不同镇街的基础设施、配套设备对于社工人才选择是否在该镇街工作有重要影响。因此，在花钱投入社会服务项目的同时，加强基础设施建设，改善配套环境，对于吸引更多社会工作人才有着重要的作用。

四 社工专业出身且持证人员占两成

社会工作人员的专业化程度一般通过两个客观指标来衡量，一是专业背景[①]，二是是否通过国家社会工作者职业水平考试而取得资格证（助理社会工作师和社会工作师）。我们对南海区社会工作服务机构的682名从业人员的调查显示，其中209人是社会工作专业出身，占总人数的30.65%，而非社工专业出身的人员比例高达69.35%（见图5-6）。与本课题组2015年进行的社工行业调研发现社工专业出身人员不足三成的数据相比，2016年南海社工服务机构从业人员社工专业出身比例有所提高。

在682名社会工作行业从业人员中，有358名为持证社工，占总人数的52.49%，超过一半。其中，持助理社工师证者有267人，占总人数的39.15%；持中级社工师证者有91人，占总人数的13.34%（见图5-7）。同时，社工专业出身且持证的人员有155人，占总人数的22.73%。总体而言，相比较广州、深圳等起步较早的地区，南海区社会工作行业从业人员专业化程度仍然偏低。

---

① 指社会工作专业背景，不包含社会工作相关专业。

社工专业毕业
30.65%

非社工专业毕业
69.35%

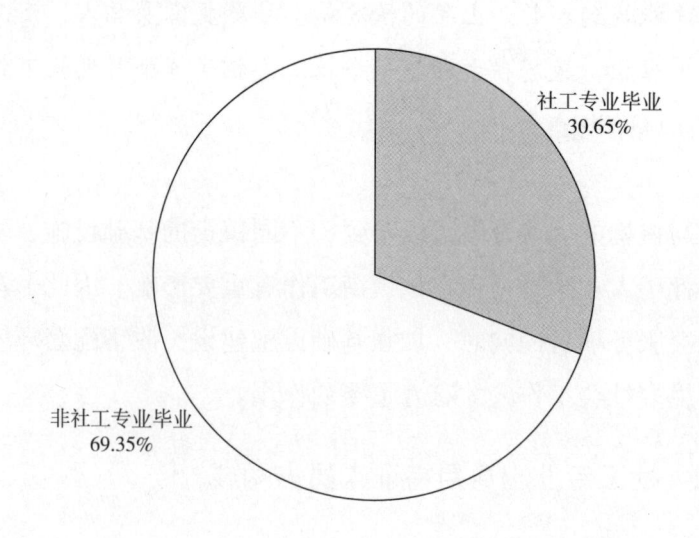

图5-6　南海区社工人才社工专业出身比例

中级社工师
13.34%

非持证人员
47.51%

助理社工师
39.15%

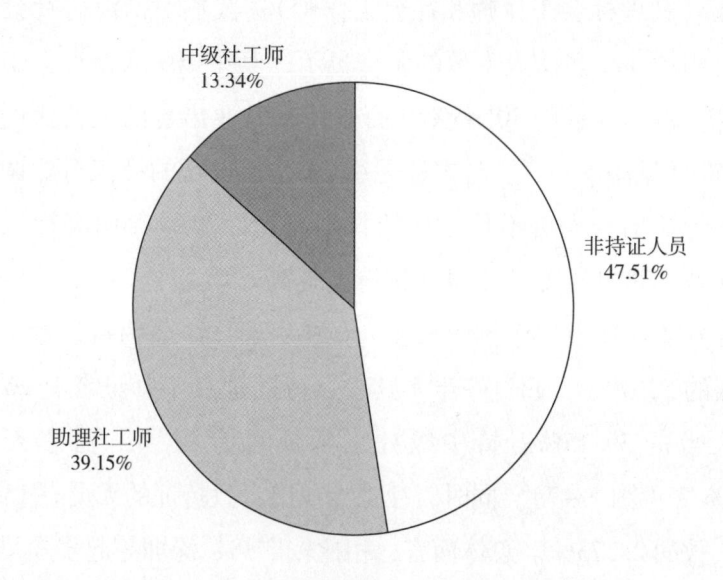

图5-7　南海区社工人才持证比例

五　社工人才薪酬竞争力有限

根据 2016 年 5 月课题组收集的"在南海提供社工服务的社会组织数据库"中机构填报的人员平均薪酬①的数据，南海社会工作服务机构从业人员的平均工资为 4205.60 元/月，助理社工师平均月薪为 3810.94 元，中级社工师平均月薪为 5645.38 元，非持证社工平均月薪为 3160.47 元（见图 5-8）。

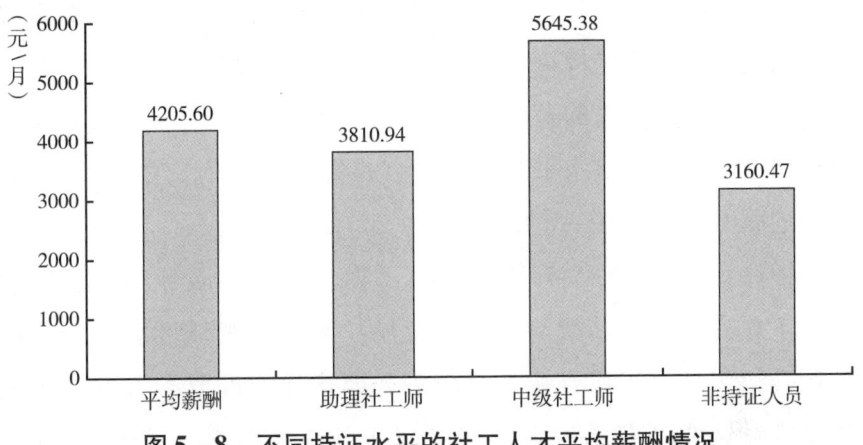

图 5-8　不同持证水平的社工人才平均薪酬情况

从图 5-8 可看到，南海社会工作服务机构从业人员中，持证与非持证社工、助理社工师与中级社工师之间的平均月薪存在不小的差异。不可否认，本调查仅仅以持证变量作为薪酬的测量因子在一定程度上存在统计误差，如个别机构的薪酬待遇不考虑持证与否。其他影响薪酬的因子还可能包括工作经验、学历、工龄、职

---

① 现时行业内经常混淆关于薪酬的三个概念，第一个是单位的用工成本，第二个是劳动者的税前工资，第三个是劳动者在扣减个人收入税和社保缴费后的实收工资。本调查组收集薪酬数字使用的是第二个概念，即单位向劳动者支付的税前工资，未扣减劳动者的个人所得税及社保个人缴费，也未包含由单位负责的社保缴费部分。

称、绩效等因素。

目前佛山市和周边区（禅城区）已经出台社工人才薪酬指导意见。其中，佛山市于2016年1月出台的《佛山市社会工作专业岗位设置及社会工作专业人才激励保障的指导意见（征求意见稿）》中对公益服务性社会组织社会工作专业人员的平均薪酬指导价位是：中级（社会工作师）5500元/月，助理级（社会工作师）4600元/月，员级（社会工作员）3500元/月。该意见的薪酬指导价包含了各项社会保险费用、公积金和个人所得税。但其缺点是没有明确由单位缴交的社保和公积金费用是否包含在内，容易存在模糊的空间。如果佛山的薪酬指导价只含个人的五险一金部分，那么南海的社工人才薪酬水平距离佛山市的薪酬指导价，尤其是助理社工师的薪酬，还存在一定的差距。

禅城区于2016年7月出台的《禅城区公益服务类社会组织社会工作专业人员薪酬待遇指导意见》要求在禅城区服务的公益类社会组织社会工作专业人才薪酬待遇指导标准要参考上一年度禅城区城镇非私营单位在岗职工年平均工资基数（2015年标准为69261元，平均5771元/月），其中助理社会工作师年平均薪酬为基数的100%（即5771元/月），社会工作师年平均薪酬为基数的120%（即6925.2元/月），社会工作员年平均薪酬为基数的75%（即4328.25元/月）。姑且不说禅城出台的这个社工薪酬指导意见在多大程度上影响实际中社工机构从业人员的薪酬，但参照禅城的这个标准，南海的社工人才薪酬水平还需要再提上一个台阶。

六 社工人才流失形势较为严峻

从2016年5月课题组收集的"在南海提供社工服务的社会组织数

据库"的数据来看，66家社工机构年初总人数为1205人，年末为1492人，离职人数为397人，根据公式可得出2015年度南海社工人才总流失率为29.44%（见表5-3），超出行业20%流失率的警戒线。

表5-3　2015年度南海社工人才总流失率

	年初总人数	年末总人数	离职总人数
人数（人）	1205	1492	397
流失率（%）	29.44		

注：流失率=期间内离职人数/[（期初人数+期末人数）/2]×100%。

人员流动与流失问题是广州和深圳这类一线城市的社会工作服务机构也普遍存在的共性问题。我们搜集了一组周边地区社工人才流失率的数据。深圳市社会工作者协会发布的数据显示，从2008年开始，深圳社工流失率均逐年上升，2014年达到了"峰值"22.20%，2015年深圳社工人才的流失率是18.80%。[①] 根据东莞市社会工作协会的统计，2011—2014年东莞社工离职率呈现逐年下降的趋势，2011年社工离职率最高，为19.79%，2014年最低，为13.47%，但2015年东莞社工离职率达到了18.31%（统计口径与往年不同）。[②] 2015年出版的《广州市政府购买家庭综合服务分析研究》的数据显示，2013—2014年度广州市社工人才的流失率约为24.55%。[③] 相比较而言，南海的社工人才流失率略高于周边地区。

---

① 《深圳社工流失率八年来首次下降》，《羊城晚报》，2016年2月23日。
② 《东莞社工离职率近五年每年超一成》，东莞阳光网，http://news.sun0769.com/dg/headnews/201604/t20160407_6451568.shtml，2016年4月7日。
③ 《广州社工平均到手工资不足四千　家综社工流失严重》，网易新闻，http://news.163.com/15/1111/07/B84FOO0700014AEE.html，2015年11月11日。

人才流动与人才流失是两个不同的概念。人才流动是指行业内的平行流动，比如由先发地区往开出更好条件的后发地区流动，这种属于正常流动；而人才流失指的是向其他行业流动。本次调研的 66 家在南海提供社工服务的机构中，有 92 名社工的流动资料缺失。据不完全统计，2015 年度南海区 66 家社工机构的离职人数为 397 人，其中，业内流动人数为 135 人，跨行业流失人数为 170 人。业内流动人数占离职总人数的 34.01%，跨行业流失人数占离职总人数的 42.82%。可以看到，跨行业流失的比例比业内流动的比例要高出近 9 个百分点，社工人才的流失形势较为严峻。

表 5-4 2015 年度南海社工人才的流动/流失情况

	业内流动人数	跨行业流失人数
离职人数(人)	135	170
占比(%)	34.01	42.82

七 社工人才工作年限大多数是1—3年

数据库资料显示，在筛选无效数据后，南海社工服务机构的 624 名从业人员中，有 95 人从事社会工作 1 年以下，占总人数的 15.22%；有 1—3 年社会工作经验的有 357 人，占总人数的 57.21%；107 人有 3—5 年社会工作经验，占总人数的 17.15%；有 5 年以上社会工作经验的有 65 人，占总人数的 10.42%（见表 5-5）。现时南海区社会工作从业人员工作年限较短，服务经验不足。

社会工作行业在南海是新兴行业，社会工作人员也是在崭新的社会需求出现后应运而生的队伍，随着近几年南海社会服务行业的不断发展，社工人才队伍在不断壮大的同时，其工作资历也在逐年累增。从表5-5中我们可以看出，2015年南海社工人才工作年限大部分在1—3年这个区间，社工人员初步具有社会服务的经验。然而我们也要看到，新生的血液还在不断地涌入，工作年限在1年以下、刚刚步入这个行业的新人还占据着这个行业很大的基数，5年以上、具有较为丰富社工经验的社工人才队伍还不够壮大，社会工作从业人员的经验不足问题相较于广州、深圳等发达地区更为明显。

表5-5 南海区社工人才工作年限情况

工作年限	1年以下	1—3年	3—5年	5年以上	合计
人数(人)	95	357	107	65	624
占比(%)	15.22	57.21	17.15	10.42	100.00

第二节 南海区社会工作机构督导人才现状

根据2016年5月课题组收集的"在南海提供社工服务的社会组织数据库"的数据来看，剔除缺失数据的机构后，56家机构共有128名社工督导。因同一位督导可能兼任多家机构的督导，所以该数据已剔除重复计算的人员数。下面将从督导队伍的年龄、学历、户籍等方面进行分析。

一 社工督导年龄跨度大，呈现年轻化特点

在南海社工服务机构提供督导的128人中，剔除无效样本9个，有效样本共119个。最年轻的是27岁，最年长的是68岁，督导年龄跨度较大。其中，27—29岁的有20人，占总人数的15.63%；30—39岁的有60人，占总人数的46.88%；40—49岁的

有16人，占总人数的12.50%；50—59岁的有15人，占总人数的11.72%；60—68岁的有8人，占总人数的6.25%（见表5-6）。督导年龄集中在27—39岁，呈现年轻化的特点。

表5-6 南海区督导人才年龄分布统计

年龄段（岁）	27—29	30—39	40—49	50—59	60—68	资料缺失	合计
人数（人）	20	60	16	15	8	9	128
占比（%）	15.63	46.88	12.50	11.72	6.25	7.03	100.00

二 社工督导近六成为本科学历

在这128名社工督导中，有7名督导的学历资料缺失，有效样本为121个。其中，拥有高中和大专学历的督导各1人，各占总人数的0.78%；拥有本科学历的督导有76人，占总人数的59.38%；拥有硕士学历的督导有34人，占总人数的26.56%；拥有博士学历的督导有9人，占总人数的7.03%（见表5-7）。

表5-7 督导人才学历情况统计

学历	高中	大专	本科	硕士	博士	资料缺失	合计
人数（人）	1	1	76	34	9	7	128
占比（%）	0.78	0.78	59.38	26.56	7.03	5.47	100.00

由表5-7可以看到，社工督导的学历中，本科占一半以上，而硕士学历占将近三成，博士学历只占7.03%。在社工行业发展初期，社工可以凭借实务经验累积成为督导，但在专业化和职业化不断发展的时期，成为社工督导，不仅要有实务经验，也要继续学习，获取高学历，提升理论水平。

三 市外和境外督导是主力

在这128名社工督导中,有2名督导的户籍资料缺失,有效样本为126个。其中,佛山市户籍的督导有19人,占总人数的14.84%;广州市户籍的督导有28人,占总人数的21.88%;广东其他市(除去佛山、广州)户籍的督导有29人,占总人数的22.66%;广东省外户籍的督导有23人,占总人数的17.97%;香港籍的督导有26人,占总人数的20.31%;新加坡籍的督导有1人,占总人数的0.78%(见表5-8)。广东其他市户籍、广州市户籍、香港籍、广东省外和佛山市户籍的督导是南海区社工督导的主要力量。可见,本土化督导人数较少,力量仍很弱小。

表5-8 南海区社工督导人才户籍情况统计

户籍	佛山市	广州市	广东其他市	广东省外	香港	新加坡	资料缺失	合计
人数(人)	19	28	29	23	26	1	2	128
占比(%)	14.84	21.88	22.66	17.97	20.31	0.78	1.56	100.00

第三节 南海区社会工作人才发展面临的挑战

一 行业薪酬水平不高,上升空间小

从前面南海社工人才的薪酬状况可以看到,社会工作从业者的平均工资为4205.6元/月,比起2015年佛山市城镇非私营单位就业人员年平均工资61572元(即5131元/12月),还有不小差距。

一方面,社工人才上升空间小,上升带来的工资提升与投入的时间和学习成本不成正比。虽然考取社会工作证对提高工资有所帮助，但有一定专业和工龄的限制。按照《关于印发〈社会工作者职业水平评价暂行规定〉和〈助理社会工作师、社会工作师职业水平考试实施办法〉的通知》规定，满足以下任一条件，可以考取助理社工师证：取得高中或者中专学历或其他专业大专学历，从事社会工作满4年；取得社会工作专业大专学历或其他专业本科以上学历，从事社会工作满2年；社会工作专业本科应届毕业生。而考取中级社工师证也有类似的要求。

举个例子，一名非社会工作专业的大专生，需要从事社会工作满4年才能考取助理社工师证，如果考试顺利，他还需要再工作6年才能考取社会工作师证，假设他每次考试都顺利通过，他还是需要10年实现从非持证人员向社会工作师的转变，而经过这10年的学习和晋升，按照平均工资计算，他的薪酬会有1800元/月的涨幅，与其他行业相比增长非常缓慢。这与投入的学习成本和工作投入不成正比。

另一方面，社工机构面临支付人员薪酬的压力，这与机构自身规模和政府拨款的空窗期有关。南海的社工机构接近五成是10人及以下的规模，机构规模小，资金累积有限，这导致机构在考虑拓展规模时，可能由于资金积累不够而造成员工的工资发放困难。

> 有社工机构反馈，在南海某镇（街）承接政府服务项目时，合同规定行政管理费最多占购买项目总金额的5%。但从各项目行政管理费中抽取一部分经费还是不足以支付机构总干事和行政人员的用人成本。因此，机构中的行政人员薪酬增长的空间十分狭窄，无法满足行政人员职业发展的期望，可能会导致行政人员的流失。（YF004）

机构最担心的是当项目拨款未收到时要垫付社工一两个月的工资。每年政府购买服务的末期款项或首期款项尚未支付的空窗期，机构理事会需要先垫付社工的工资以维持机构运营和项目的开展。对于资金积累微薄的机构来讲，垫付这笔资金可以说是捉襟见肘。如果机构规模扩大，但机构的资金积累不够，到时拖欠工资更难以稳定机构的运营。因此，很多机构都会慎重考虑扩展机构的规模。

二 行业前景不明朗，社工从业人员流失率较高

从前文数据可以看到，2015年度南海社工人才总流失率为29.44%，超出行业20%流失率的警戒线。从与社工机构相关人士的访谈中可以看出，南海社工行业作为一个朝阳产业以其包容开放和低准入的优势吸引了许多优秀的社会服务机构扎根南海，然而社会服务机构的扎根离不开社会服务人才，工资水平较低和上升空间小无疑大大打击了社工选择南海、来到南海、留在南海的积极性。

> 导致人员流失的其中一个原因与我们自身机构有关，因为项目较多，而且有些项目展开得比较仓促，所以招人的时候要求比较宽松，非专业的也会招聘，可能这些人对社工的认同感不是很高，因此做了一段时间后有其他发展机会就会离开。（QT006）

> 这个问题也引出怎么留住人才的问题。其实与南海相比，广州、深圳、东莞门槛会低，大沥的社工和东莞比入门门槛高，但工资低。（QZ002）

从调研数据及与机构相关人士访谈内容可知，影响社工人才跨

行业流动的因素主要有五个：一是工资低，待遇条件满足不了自身要求；二是个人发展、晋升空间较小；三是社会认同度低；四是不专业、无追求，把社工当踏板，"骑驴找马"；五是项目延续性问题，项目年年新，不考虑项目延续性，合同期短，项目更迭太频繁。

三 社工从业人员专业化程度较低，中高层管理人才紧缺

从基本状况中我们可以看到，现阶段南海区社工机构从业者的专业化程度并不高，社工专业出身的从业人员仅占社工人才总量三成左右。行业待遇水平不高、上升空间小的问题不仅造成了社工人才的流失，也给机构招募中层管理人员以及高素质的一线社工带来了巨大的挑战。社工人才的应聘与社工机构的招聘属于双向选择的过程，低门槛往往吸引了更多初步接触社工行业的新人和专业化程度不高的社会工作者，而工资低和缺乏上升空间又会把经验丰富、高素质的社工人才拒之门外，因为他们往往有更好的选择。长此以往，这种低门槛、低工资的机制可能会间接造成社会工作人员专业化程度低的情况。

中小型社工机构由于缺乏经验丰富的社工，在开展项目时如何为项目配备资深社工成为难题。一些项目若不能配备资深社工，只靠新入行的社工执行的话，项目开展就会出现许多问题。因此，许多社工机构要投入大量资源来培育新社工，目的就是提高员工的专业能力，减轻缺乏资深社工的压力。

我们以往遇到的情况是中层比较难招，特别是管理岗位。前线的话，可能是我们比较严格，高素质的比较难招。（QC001）

我们单位现在需求最大的不是一线社会工作，反而是督

导、管理人才，即中层人员。对于本土组织来说，内部培育是最好的，但问题是培养速度跟不上发展需求。而引进相关人员，通过一些正常的渠道是无法实现的，因为优秀的人已经分布在各单位的比较好的岗位上，引入就比较困难了。（QY005）

我总体感觉佛山这边社工人才储备还是比较薄弱，有经验的很难招，但凡有经验、有资质的社工，机构都想办法留住，留住后我们这边就断层了。对这些人，每个机构都会看得很紧，所以我们要么从外面引进来，但是也很难，偶尔才碰到一两个回家乡发展的。（QT006）

社会工作机构管理人才的缺乏一方面使得稍有经验的年轻社会工作人员很快被调离一线服务岗位，造成一线服务经验难以累积，另一方面也加剧了机构之间的"挖墙脚"和竞争。

有机构同时也表示，近年来南海加大了对社工人才的培育与引进力度，推动社会工作学者与学生联会成立，采取了举办社工人才招聘会、吸引本土专业人才回来就业等举措，逐步从人员招聘上支持本土社工机构的发展，受到社工机构的欢迎和赞扬。南海区社工机构通过吸引本土社工人才的政策，能有更多机会招聘到思维开阔、综合素质高的本土人才。这不但减轻了社工机构的人员素质压力，而且缓解了社工机构招聘不到高素质社工的难题。

四 本地督导力量薄弱，督导资质缺乏统一认证

在督导人才方面，我们了解到目前南海社会工作服务机构的督导以香港督导及市外的广深督导为主，部分机构有内部督导，但占比较小。香港督导服务频率一般为每月1次，或每两三个月1次，

广深督导频率稍微高些，每月固定 2—4 次。然而，非本土督导除了价格较高、督导频率不高外，也对本地情况了解不够，督导的成效难以保障。

> 曾经有一个教训，我们请了有经验的香港督导过来西樵培训，但这些督导并不是经常能过来的，在培养一线社工的过程中发现他们的思维和理解跟不上。所以香港的督导对负责人和管理者的影响比较大，对一线同事最有直接帮助的可能是内部的督导。重视对管理层的培养，发展才能长远。(QY005)

机构督导的培养有利于机构内部的人才梯度建设，尤其在新进员工的带领指导下，有利于增强员工的认同感，加强各方面的服务知识和技巧的学习。不少社工机构都表示将机构内社工的培训及素质提升作为未来规划的重要部分，尤其是机构内部督导的培养。但在这方面机构也面临培养经费和培训资源缺乏的问题，机构自身很难抽出经费去培养自己的督导，同时自身的培训资源也有限。

> 因为社工资助标准的问题，现在机构没有经费去培养自己的督导，政府也没有明确的政策。没有自己的内部督导，机构的发展与管理面临很大的挑战。(QT006)
>
> 我们机构愿意在经费中拨款对优秀的社工进行培训，并愿意就其时间问题进行协调，但希望在社工培训方面，可以获得更多来自政府方面的资源。(DZ003)

南海社工行业的发展也有数年的时间，但在社工督导人才的培养方面暂无政策性指导文件。南海本土督导培育借鉴广州、深圳等地经验，采用与广东省社工师联合会联合培养的模式，目前已开设3期本土督导班，已经培育了30名毕业督导，但督导培育机制和资质认证等，仍有进一步完善的空间。

一些大型社工机构表示，过去曾将机构内的优秀社工派去督导培训班进行培训，并期望他们能在实际项目操作上对机构有所帮助，但实际上由于督导培训缺乏后期的跟进，只有纯粹的理论课程，不少社工培训完后并没有太强的实操能力。一些督导学员也对完成督导班课程后自身职业生涯规划的指引感到迷惘。

另一个尴尬的问题是督导认证问题。不同的镇街都开始去发展自己镇街的督导班：桂城已经成立了督导班，丹灶在2015年年底也开始推行。由于镇街和区一级的课程体系差不多，广州市、佛山市和区层面也有督导班，市、区、镇街不同层级的督导资质是否可以以及如何相互认证，至今尚未明朗。

第六章
南海区老年社会工作发展趋势分析

第一节 导论

在迈入了老龄化社会的中国，老年人口的增长导致养老服务需求的急剧增加，如何发展养老服务成为一个重要的政策议题。十八届三中全会所公布的中国未来发展方向将会营造更加复杂的社会环境：单独二孩政策在短期内影响扩展期家庭的生活压力与养老压力；渐进式延迟退休年龄政策长远来看更亟须养老服务作为政策支持；户籍制度改革意味着未来人口流动性增大，地方政府的福利递送责任与挑战也更大。

南海区特殊的社会经济背景突出了人口老龄化与养老问题。近年来南海区人口老龄化程度不断加深，预计在未来几年内逐渐迈入老龄化社会。而南海区离婚率走高，意味着非正式照料者的缺失与家庭养老功能的弱化。此外，南海区2011年末常住人口为260.78万人，年末户籍人口为120.87万人。[①] 这意味未来户籍制度改革下南海区政府福利递送责任加大。这些特殊的社会背景都凸显政府发展养老服务的必要性与迫切性。完善养老服务，构建合适的养老模式，不但能够解决一地一区的养老问题，更能推而广之探

---

① 资料来源：《佛山统计年鉴2012》。

索适用更大范围的养老模式，并以此来为即将全面来临的老龄化社会做好准备，在人口、社会、经济的结构转型期维系稳定有序的发展。

南海区统计局提供的数据显示，2012年末南海区60岁以上人口达到20万人，占全区户籍人口总数的16.8%；65岁以上人口达到13万人，占全区户籍人口总数的11.1%。2013年末全区60岁以上人口达到20.9万人（见图6-1）。根据国际通用老龄化系数，南海区已步入老龄化社会，并且老龄化程度日趋加深。

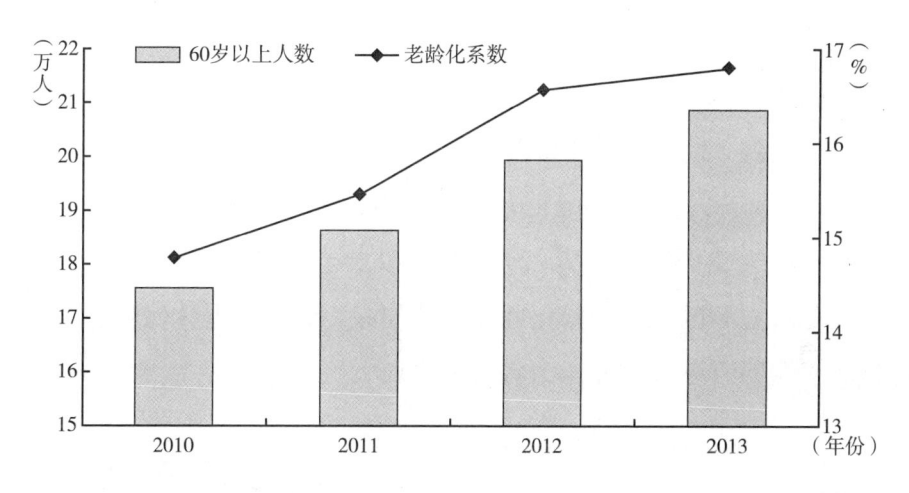

图6-1 南海区人口老龄化趋势

根据2010—2013年南海区人口数据，本研究采用趋势外推法预测未来20年南海区人口老龄化程度。趋势外推法以预测的连续原理作为基本依据，根据事物发展具有规律性的特点，认为人们只要能够正确地把握事物的历史和现在的发展情况，就可以循着这个线索推测它的未来发展趋势。趋势外推法有量大假设，具体如下。

（1）决定事物过去发展的因素，在很大程度上仍决定事物的未来发展，这些因素作用的机理和数量关系是不变的，或变化不大。

(2) 未来发展的过程属于渐进过程,不是跳跃式的变化,即促使社会经济现象不规则波动的因素是不稳定的短期起作用的因素,它对社会经济现象也只产生局部的偶然影响。

根据已有研究发现,老年人口数量与经济发展、生育率、自然增长率等多个人口指标息息相关。有部分人口统计学研究通过多项自变量建立数学模型,预测老年人口增长。由于数据资料、时间等因素限制,课题组采用最为直接简单的趋势外推平均法进行预测。

由图6-2和图6-3可知,到2014年年底,南海区60岁以上老年人达到22万人,占总人口的17.4%;65岁以上老年人超过14.6万人,占总人口的11.6%。到2019年,南海区60岁以上人口比重将会突破20%,2022年60岁以上老年人口将会突破30万人。随着南海区人口老龄化程度不断加深,老年人退休保障、医疗服务、照料服务等方面压力将会随之加大。

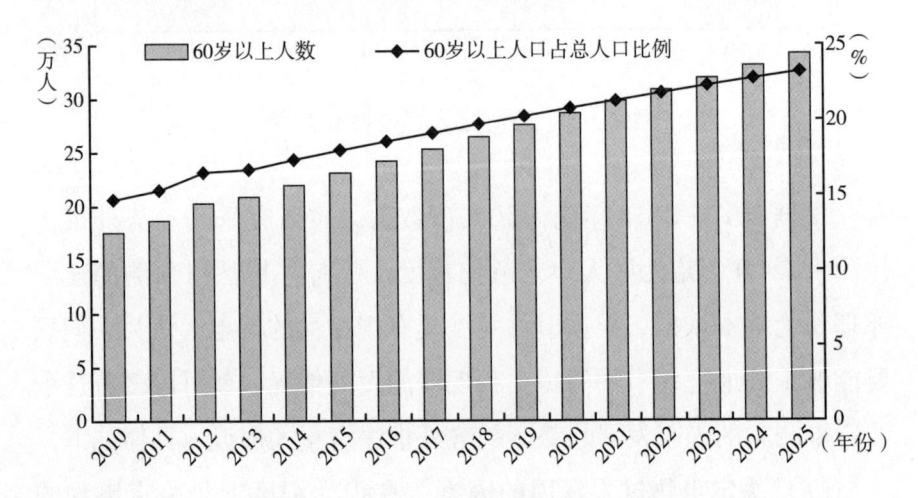

图6-2 南海区60岁以上人口预测

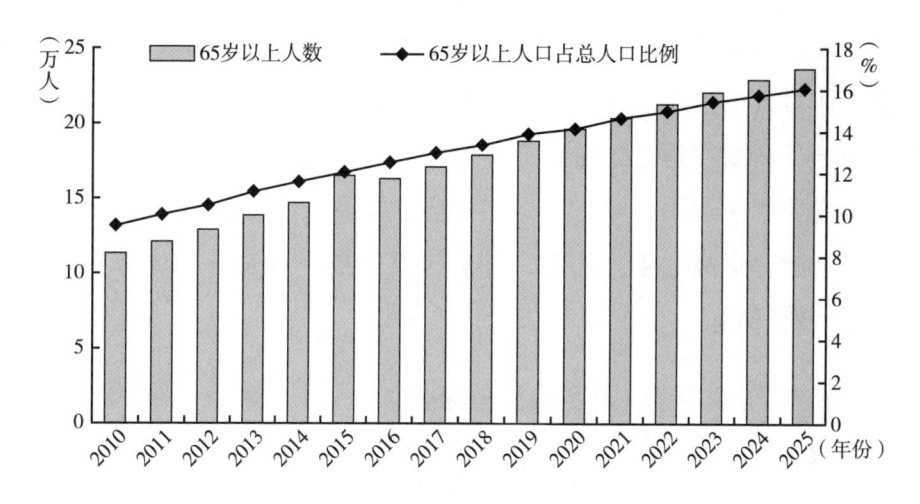

图 6-3　南海区 65 岁以上人口预测

第二节　文献回顾

一　老年社会工作的概念与目标

（一）老年社会工作的概念

老年社会工作就是因应老龄问题产生而产生的一种专业服务活动。它是指受专业训练的社会工作者在专业的价值理念的指导下，充分运用社会工作的理论和方法，为在生活中遭受各种困难而暂时丧失社会功能的老人解决问题、摆脱困境并同时推动更多的老人晚年获得进一步发展的专业服务活动。[①]

这个定义明确了几点要求：第一，为老年人服务是一种在价值

---

① 范明林、张钟汝编著《老年社会工作》，上海大学出版社，2005。

理念支配下的活动，在开展老年社会工作的过程中时刻需要坚持社会工作对人的信念以及专业等基本原则；第二，为老年人提供社会工作服务需要在理论的指导下运用专业方法，强调其"实证主义"下的专业手法运用；第三，老年社会工作最终目的在于为老年人充权与增能，提高老年人的能力并促进其发展，这是一种优势视角，而非问题视角。

（二）老年社会工作的目标与标准

社会工作者具有使命、价值立场以及道德责任，而老年人与其他群体相比具有特殊性，内部有其异质性，因此，老年社会工作需要明确其目标以及标准。根据已有的文献以及政策倡议，应尊重老年人的生活偏好和自我选择、注重培养其独立性，通过有意义的社会活动鼓励老年人参与，具体而言，老年社会工作包括如下目标。

（1）创造对老年人友善的社区环境。

（2）设计居住及齐全的服务配套设施，让老年人自己选择喜欢的居住环境在地老化。

（3）减少老年歧视，营造年轻人与老年人相互学习以及共同融合的社区氛围。

（4）鼓励老年人积极面对生活，参与工作或者志愿服务，挖掘老年群体的人力资源。

（5）设计教育项目让老年人有继续学习的机会。①

根据以上目标，本报告参考了USA NASW 1999年的老年社会工作标准，总结为7个标准。

---

① 梅陈玉婵、齐铱、徐永德：《二十一世纪老年社会工作》，香港大学出版社，2008。

第一，所有社会工作者，要对老人、家人、社工专业以及服务机构各个方面负责任。

第二，社会工作者需要准备老年人、家庭以及各个方面的知识，以便有效地提供服务，包括老年人生理学、心理学以及社会学知识，可以对老年人的状况进行评估、诊断，获取、分析、区别和阐释老年人的社会和个人资料，以更好地制定服务方案。

第三，社会工作者需要以专业态度回应所有求助的老人或家人，不论他们的生活方式、社会阶层、性别、宗教信仰以及社会地位等。

第四，老年社会工作者对社区所提供的服务应该有充分认识，并向老人及其家属作出适当的转介。

第五，为老人提供服务的社工需要维持和当事人的接触且保持良好的关系。

第六，需要做好保密工作。

第七，需要确定与维持专业的程序和方法。

二 我国老年社会工作的发展

（一）我国老年社会工作的发展阶段

我国的老龄化进程与经济发展不同步，未富先老。而在社会转型期间，长期以来形成的企事业单位的退休、劳动保护和公费医疗制度和农村依靠集体经济建立的"五保"体制已无法适应形势的需要，社会的老龄化对个人、家庭及国家都产生了严重影响。减轻国家过重的负担、家庭的压力，提高老年人的生活质量，是当前老年社会工作的当务之急。

我国的老年社会工作一直受到国家领导的重视。为履行联合国大会的决议，根据中国人口老龄化发展的趋势，中国政府于1982年3月正式批准成立了"老龄问题世界大会中国委员会"，并组团出席了联合国于1982年7月26日至8月6日在维也纳召开的"老龄问题世界大会"。该会之后，经国务院批准，将"老龄问题世界大会中国委员会"改名为"中国老龄问题全国委员会"（以下简称"全国老龄委"），并于1983年4月正式批准其为常设机构。

"全国老龄委"的成立，为迎接中国人口老龄化的挑战，从思想、组织、理论、物资等方面做了准备工作，得到了联合国的赞许。到1992年年底，中国已基本形成了专群结合的老龄组织网络，全国各省、市、乡镇基本建立了"老龄委"及其办事机构，从组织上保证了老年社会工作的开展。

与此同时，各级各类行业性、专业性老年群众组织和学术团体，如老年学工会、老年基金会、老年大学工会、老年体育协会、老记者协会等组织应运而生，一些具有福利性质的老年服务设施和机构，如老年人活动中心、老人公寓、老年康复医院、老年病医院和门诊、临终关怀医院、老年人合法权益咨询和老年人心理咨询机构等，也随着我国的经济发展和老龄化的加剧而不断产生和完善。

为保障老年人的合法权益，1996年，我国制定颁布了第一部老年人法律——《中华人民共和国老年人权益保障法》。

为更好地落实老年工作，1994年12月，国家计委、民政部等部门联合制定了《中国老龄工作七年发展纲要（1994—2000年）》；1999年10月，党中央、国务院决定成立全国老龄工作委员会；2000年8月，党中央、国务院又下发了《关于加强老龄工作的决定》；2001年，《中国老龄事业发展"十五"计划纲要

(2001—2005年)》出台。这些举措有力地推动了我国老龄事业的发展。

我国老龄事业的发展，使老年人的经济供养和医疗保障得到改善，老年福利、文化、教育、体育事业有了较快发展，老年人的合法权益受到重视，老年人生活质量明显提高。但是，我国老龄事业的发展总体上仍然滞后于人口老龄化的速度和社会经济的发展。这客观上要求我们积极开展老年社会工作，建立和完善适应社会主义市场经济体制的老龄事业发展机制。

（二）我国开展老年社会工作的必要性

开展老年社会工作，落实老年人的经济保障，协助家庭照顾老年成员的饮食起居，为老年人提供多种形式的社会服务，使老年人能够保持独立和尊严，积极参与社会活动，幸福地安享晚年，这对促进社会主义市场经济的发展，加强社会主义物质文明和精神文明建设，具有多方面的意义。

1. 有助于发挥老年人的"余热"

积淀于老年人身上的丰富的阅历、知识、经验，是我们宝贵的人力资源，通过开展老年社会工作，充分利用老年人人力资源，落实"老有所乐"，使老年人既可以为教育下一代做出贡献，又可以在社会中充分发挥"余热"，实现自身的价值。

2. 有助于社会稳定

老龄化社会的到来，给社会、家庭以及经济的发展都带来不利的影响。开展老年社会工作，解决老年人问题，可以化消极因素为积极因素，对实现家庭的和谐、社会的稳定，为经济发展营造一个安定祥和的局面具有不可低估的作用。

3. 有助于社会主义精神文明建设

尊老、敬老、爱老是我们中华民族几千年的优良传统,老年社会工作的开展为更好地继承和发扬这一优良传统赋予了新的意义,它充分地体现了社会主义的道德风尚,是落实社会主义精神文明建设的重要内容。

三 老年社会工作的相关理论

(一)需要理论

需要理论为解析社区治理结构提供了另一个分析框架。根据这一理论,社区应满足其成员的需要。马斯洛(Maslow)将人的需求分为五个层次:生理需求、安全需求、社交和情感的需求、尊重需求和自我实现需求。[1] 这五种需求层层递进,生理需求是人最基本的需求,自我实现需求是最高层次的需求。从最基本的需求开始,一种需求一旦满足,就会产生更高层次的需求。人都潜藏着这五种不同层次的需求,但各种需求在不同时期表现出来的迫切程度是不同的。这些迫切的需求是激励人行动的主要原因和动力。

另外两位学者多伊(Doyal)和高夫(Gough)则把需要分为基本需要(健康和自主)和中介需要(适当的营养和水、有保护功能的住宅、免于危险的工作环境、适当的健康照顾、儿童安全成长的环境、重要的基本的社会关系的建立、安全的自然环境、经济保障与基础教育等)。[2] 与马斯洛需求层次理论的五大层次不同,

---

[1] Maslow, A. H., "A Theory of Human Motivation", *Psychological Review*, 1943, 50 (4): 370.
[2] Doyal, L., & Gough, I., *A Theory of Human Needs*, Guilford, 1991.

Bradshaw 的研究主要将人类需要分为四种：规范性需要（normative need）、感觉性需要（felt need）、表达性需要（expressed need）与比较性需要（comparative need）。[①] 以需要理论为分析框架，社区治理结构建构的推动力建基于满足社区居民的需要。这种需要满足导向的治理取向也可在基层社区工作者的评价指标中窥见一斑。许多城市对社区工作的评价都以居民或服务对象的满意度为一个重要指标。而满意度常常与需要的满足高度相关。

（二）撤退理论、活动理论

撤退理论亦称脱离理论或休闲理论，认为老年人身心衰弱，不宜于继续担任社会角色，而应该脱离社会，这样既有利于老年人，也有益于社会。Cumming 和 Henry 提出，随着老年人年龄的增长，老人和他人的人际交往以及参与的社会活动会逐渐减少，换言之，变老会使老人与社会其他成员之间的相互作用变得愈加松弛。而这种表现将使社会和老人双重获利。

撤退理论中的"撤退"首先表现为社会方面的撤退，即老年人退出原来的劳动力市场，由成年人接替其原有的工作岗位，家庭重任亦转移到成年人肩上；其次是其个人的撤退，而个人的撤退基于其退出一部分社会工作后各种社会关系的减弱。提出和支持撤退理论的学者们认为，它并不是一种悲观的理论，相反，它有利于老年人的身心健康及社会的有序发展。因为进入老年后，人体不可避免地会随着年龄增长而愈加衰老，脱离的状态能够让老年人避免一部分社会的压力和负担，有利于使老年人的生理、心理达到更平静、更舒服的状态。社会的成年一代也需要老人撤

[①] Bradshaw, J., "The Concept of Need", *New Society*, 1972（30）：640-643.

退以获得更多的机会，如撤退后老年人腾出来的工作岗位。同时，这种撤退不仅是社会必须采取的措施，即社会用一定的制度和手段，使社会参与的工作从老年人手里转交到成年人的手中，它也是老年人自身主动接受的一种行为，换言之，老年人自愿地脱离社会。

活动理论针对社会撤退理论所提出的老年人因活动能力下降和生活中角色的丧失而愿意自动地脱离社会的观点，认为：活动水平高的老年人比活动水平低的老年人更容易产生满足感，更能够适应社会；老年人应该尽可能长久地保持中年人的生活方式以否定老年的存在，用新的角色来取代因丧偶或退休而失去的角色，从而把自身与社会的距离缩小到最低限度。

与撤退理论不同，活动理论认为社会活动和社会生活的参与并不会因为年龄的不同而存在巨大差异，因此，个人与社会之间的关系在中年期和老年期也没有截然不同。我们要区分的是，老年人参与社会活动的速度和程度下降，并不代表他们参与社会活动的热情消减了。相反，这种从社会领域的撤退，有可能只是一种迫不得已的选择——实际生活剥夺了老年人社会参与的机会。比如，离开原有的工作岗位，受身体素质或年龄的限制，更少地参与到公共事务中去。

（三）社区照料理论、社会支持理论

社区照料（community care）的概念于20世纪50年代由英国学者提出。社区照料的政策宣导正是为了回应福利"机构化"所产生的种种弊端。社区照料的理论阵营批评与反思养老服务机构化所带来的弊端，主要强调长者的自主性、尊严、主观能动性以及最大程度留在原生的社会支援网络，具体体现在家庭系统、社会支援

网络以及熟悉的物理环境对一个人的身体与心理状况会产生影响。① 社区照料有三层含义。② 第一个层次是"在社区照顾"（care in community）。这实际上与"在地老化"的概念一致，长者在熟悉的家中以及居住的社区内享受长期照料服务。③ 第二个层次是"由社区照料"（care by community），由社区内的行动者，包括家人、亲属、朋友、邻居、志愿者等，构建起照料网络。这一层概念其实与 Daly 和 Lewis 将"照料"（care）作为一种关系（relationship）④ 有相似的理解。第三个层次是"对社区提供照料"（care for community），即为非正式与正式照料者（家庭）提供培训、心理支援以及喘息服务等。这是对非正式以及正式照料者的一种充权。

社会网络用来代表网络关系之社会整合，以及网络结构中所蕴含的社会资源、社会资本与社会支持。在学术上，社会支持与社会网络两个概念经常被同时运用或者混用。有学者将社会支持网络按照功能划分成为不同类型的社会支持：情感支持、工具性支持以及

---

① Chapin, R., & Dobbs-Kepper, D., "Aging in Place in Assisted Living: Philosophy Versus Policy", *Gerontologist*, 2001, 41 (1): 43 – 50; Iecovich, E., "Aging in Place: From Theory to Practice", *Anthropological Notebooks*, 2014, 20 (1): 21 – 32; Wiles, J. L., Leibing, A., Guberman, N., Reeve, J., & Allen, R. E. S., "The Meaning of 'Aging in Place' to Older People", *Gerontologist*, 2012, 52 (3): 357 – 366. doi: 10.1093/geront/gnr098.

② Bayley, M., "MentalHandicap and Community Care: A Study of Mentally Handicapped People in Sheffield", *Social Service Review*, 1974, 48 (3): 458 – 459; Means, R., Richards, S., & Smith, R., *Community Care: Policy and Practice*, Palgrave Macmillan, 2008; Zawadski, R. T., *Community-based Systems of Long – term Care*, Routledge, 2014.

③ Iecovich, E., "Aging in Place: From Theory to Practice", *Anthropological Notebooks*, 2014, 20 (1): 21 – 32; Lawton, M. P., *Environment and Aging*, Center for the Study of Aging, 1986; Rowles, G. D., "Evolving Images of Place in Aging and 'Aging in Place'", *Generations*, 1993, 17 (2): 65 – 70.

④ Daly, M., & Lewis, J., "The Concept of Social Care and the Analysis of Contemporary Welfare States", *British Journal of Sociology*, 2000, 51 (2): 281 – 298.

情绪支持。①

社区照顾是指整合全部社会资源，运用正规照顾和非正规照顾网络，为需要照顾人士在家庭或者社区中提供全面照顾，使其过正常人的生活。一般而言，照顾基本可以从四个不同层面进行界定：行动照顾——饮食起居的照顾、打扫居所、代为购物等；物质支援——提供衣物、家具和现金，提供食物等；心理支持——问候、安慰、辅导等；整体关怀——留意生活环境、调动周围资源以提供支援等。同时，从照顾提供者的角度，可以将照顾分为正规照顾（formal care）和非正规照顾（informal care）。正规照顾通常指由政府承担及提供照顾性服务，而这些正规服务多由政府人员及专门工作人员提供。不过，随着民间组织和志愿者团体的发展，它们提供的服务也被纳入正规照顾的范畴。非正规照顾则是指由家人、亲友或者邻居基于情感和人伦上的因素及动力而提供的无偿照顾。

但是，社会网络关系的存在并不一定会有社会支持的功能。个人若要获得需要的社会支持，他就必须建立或保育一定范围的社会关系网络。在规划提供老年人照料服务时，需要调查老年人是否需要照料服务或者需要何种照料服务，可通过社会支持理论来了解老年人周边正式与非正式的照料资源，并且予以协调运用。

（四）老年社会工作实践与工作方法

老年社会工作的实践与方法已经有一套完整的系统，传统三大手法在应用到老年人这个群体时，从理论到实践都有需要阐述之处，本章将会借鉴范明林和张钟汝提出的分析框架进行相关

---

① Garbarino, J., "Where Does Social Support Fit into Optimizing Human Development and Preventing Dysfunction?", *The British Journal of Social Work*, 1986（16）：23-37.

第六章 南海区老年社会工作发展趋势分析

讨论。

老年个案工作是指社会工作者在专业的价值观指导下，运用专业的知识和技巧为老年人及其家庭提供物质或情感方面帮助和支持，以使当事人减轻压力、解决问题和达到良好的福利状态的服务活动，具体包括精神分析治疗法、行为治疗法、当事人中心的治疗法、理性情绪治疗法、行动交感分析法、危机介入法和家庭治疗法，等等。

老年小组工作是指在社会工作者的协助和指导下，利用老年组员之间的互动和小组凝聚力，帮助老年组员学习他人的经验，改变自己的行为，正确面对困难，恢复自己的社会功能和促进自己成长的专业服务活动，主要包括如下几种类型：老年人社交康乐小组、老人支援小组、老人治疗小组、老人服务小组、护老者小组等。

老年社区工作是指社会工作者在社会工作的价值理念指导下，运用各种专业的工作方法，改善老人与社区的关系，提高老人的自助、互助能力，促进老人的社区参与，通过老人的集体参与去改善他们的生活质量的一种服务活动和服务过程，具体包括老年社区服务、老年社区照料，等等。

老年人个案、小组以及社区工作手法因为不同老年群体的需要不同而采取差异化服务，例如根据老年人的人生过程的不同，会有临终关怀服务等。而本身由于社会分工越来越细密、专业越来越复杂，老年人在不同人生阶段可能需要的协助也不一样，因此老年个案管理工作也日益成为社会工作的重要手法。老年个案管理是一种在人群服务中履行整合与绩效责任的新型方法。它由一连串的行动所组成，是一个过程，以确保老年案主与人群服务系统能够有机地联系在一起。

第三节　南海区老年社会工作的发展

南海区早在2013年开始重视老年社会工作的发展，先后经历了养老机构引入社工服务与以社工元素促进社区照料两个阶段。

一　总体情况分析

本报告以2013年南海区公办养老机构引入社工服务项目评估报告以及2015年进行南海区社区养老服务调研的结果分析南海区老年社会工作的发展情况。

（一）区级政府引领，镇街接棒

在发展与推动老年社会工作的业务中，南海区区级政府扮演着十分重要的引领角色。以养老机构引入社工服务项目为例，在南海区民政局、外事侨务局和财政局的支持下，佛山市南海区春晖养老服务中心自2013年1月起为"颐养保健乐天年"养老机构服务提升计划项目引进跨专业服务团队共计39人，其中包括养生保健顾问、社工专业督导、专业社工等，为南海区14家公办养老机构提供社工服务和养生保健服务。项目合同期为2013年1月至2014年6月（共18个月），项目总经费为300万元整。合同期满之后，养老机构引入社工服务项目由各镇街进行接力，各镇街分别为其公办机构进行社工项目招标。

在社区养老服务发展方面，桂园社区养老服务中心引进社工服务，2011年，该中心被广东省民政厅选为"居家养老示范点"，并投入100万元的居家养老项目资金，在五到六楼建设了社区居家养老日托中心和长者爱心饭堂。而2015年在区级政府的支持下建立社区养老服务中心6个示范点，其中包括桂园社区养老服务中心。2016年，南海区出台了《佛山市南海区社区幸福院建设和运营管理办法》、《关于推动南海区养老事业加速发展的指导意见》等细则。按照上述办法的扶持措施，区级财政将对建成的社区幸福院给予10万—30万元的一次性补助；每年区镇（街）两级还将共同投入，通过评比，对获得合格、优秀评级的社区养老项目给予10万元、20万元的奖励。而根据上述指导意见，南海区将在两年内完成建设任务，2018年将实现社区幸福院全覆盖。

（二）"居家—机构—社区"逐层试水

由于老年群体具有异质性，结合社区照料的概念，南海区的社会工作服务开展则分为"居家为本"、"机构为本"、"社区为本"三个阶段。其中，佛山市南海区春晖养老服务中心在其中扮演着重要角色。

1. 早期的居家为本的老年社会工作

佛山市南海区春晖养老服务中心于2010年4月开始承接南海区居家养老服务，主要通过组建由社工师、心理咨询师、营养师、护士、律师、管理人员、护工等跨专业人士组成的服务团队，根据老人的实际需要提供个性化的服务，创立了"社工＋社工助理＋护工＋义工"及"机构＋高校＋社会力量"的居家养老服务模式。然后，早期的居家养老服务以家政服务为主，社工元素较为单薄。

2. 机构为本的老年社会工作发展

前文提及的"颐养保健乐天年"养老机构服务提升计划项目，旨在引入社会工作元素，丰富公办养老机构的服务内容，立足南海区14家养老机构（桂城长者颐乐中心、西樵福利中心、罗村敬老院、狮山镇狮山敬老院、狮山镇小塘敬老院、狮山镇松岗敬老院、狮山镇官窑敬老院、南海区福利中心颐养院、里水镇颐年院、里水镇颐年院北院、大沥镇大沥敬老院、大沥镇盐步敬老院、大沥镇黄岐梁泳钊颐养院、丹灶康乐之家）现状，因应老人的生理、心理和社会需求，以社工与养生保健服务为切入点，整合和链接社会资源，提升老人生活质量，培养老人及其家属的自助、互助能力，构建家属支持网络，建立和完善一套社会工作服务发展及管理制度，培育社工人才队伍，提升养老机构工作人员服务能力和服务水平，探索并建立社工服务与养生保健相结合的养老机构养老模式，改变养老机构传统单一的生活照料服务方式，促进其融入社工服务、养生保健、社会关爱、康复照料、开放包容等服务元素，促进养老机构的养老模式由救济型向福利型转变、由供养型向供养康复型转变、由封闭型向开放型转变，全面提升养老机构的服务质量。

3. 社区为本的老年社会工作

自 2015 年开始，南海区老年社会工作重点有所转移，从养老机构转向社区为本的老年社会工作阵地中。以往南海区社区老年服务以康乐文体活动为主，包括成立老年人星光之家、老年干部活动中心、不同领域的兴趣队。而 2014 年南海区重视社区养老服务的社工元素建设。以社区养老服务中心为依托，根据社区的具体情况，建立集社工服务、康复服务以及康乐服务于一体的社区照料体系。到目前为止，南海区已建立了 6 个社区养老服务中心示范点，并且积极开展农村幸福院的建设。而这些以社区为依托，社工服务也逐步开展。除了"中心为本"的社区照料服务，不少服务机构开展了"居家为本"的社工升级服务，对有需要的长者进行上门探视服务，为护老者提供康复技能培训以及情绪疏导服务等。

（三）服务内容不断深化

南海区老年社会工作与南海区养老服务发展相辅相成。

在早期的居家养老服务中，老年社会工作以个案工作为主，主要面对传统民政对象——老年案主。

在公立机构引入社工服务的项目中，老年社会工作也得到长足的发展，主要是养老机构提供场地以及稳定群体开展小组工作，而随着院舍长者对"姑娘"的熟悉与信任，个案工作也逐渐开展。然而，面向家属的小组工作则比较难开展。

近年发展的社区养老服务中心，其老年社会工作得到了较快的发展，具体表现在开启个案的工作、小组工作、社区工作都得到全面的发展。例如，春晖养老服务中心已完善了个案管理的流程与机制。与此同时，注重社区社会支持网络的构建，例如义工队的建设与维护、社区营造等活动。此外，沥苑以及直街的社区养老服务中心也开展了护老者的康复服务技能项目等。

换而言之，南海区老年社会工作的专业服务逐步得到了发展与深化。表6-1展现了三个阶段的老年社会工作服务的发展情况。"*"越多，表示服务发展程度越高。反之，"*"越少甚至空白处，显示的是仍有待加强的地方。

表6-1 南海区老年社会工作服务发展情况

	居家为本	机构为本	社区为本
个案工作	*	**	***
小组工作		**	***
社区工作			**
个案管理			**
照料者支援		*	**

(四)社工角色的转变与递进

随着南海区老年照料服务的发展,社会工作者在此过程中的角色转变与递进也发生了变化。在养老机构引入的社工项目中,社工的角色主要是直接服务的提供者,包括开展有限的养生保健小组活动以及个案小组工作。在社区养老服务中心,社工的角色从直接服务提供者逐渐转变为服务统筹者、多方沟通桥梁以及社会资源链接者等角色。在部分社区(例如盐步直街养老服务中心),社工甚至尝试扮演社区议题的倡议者角色。在社区工作中,社会工作者可以充当相当多不同的角色,包括组织促进者、牵线搭桥者、咨询服务者、调查设计者、权益保护者、宣传鼓动者等。[1] 社会工作者在社区老年照料和服务中,同样可以起到相应的作用。

第四节 挑战与展望

一 现行问题与挑战

(一)资金稳定性:政府购买与机构财务稳健

社会服务机构的财务稳健是其生存的重要元素,关系到内部发展的创新性、人员稳定等。南海区社会服务项目大多数属于项目合同制,这与此类的政府购买服务仍未进入常规服务范围,相关预算必须每年都提交人大审议有关。但每年一审,结果是令社会组织朝不保夕,有碍其财务稳健,不利于组织发展,更不利于服务成长。

---

[1] 王思斌:《社会工作概论》,高等教育出版社,1999,第122—123页。

（二）服务内容：专业服务层次有待深化

尽管近几年南海区社会服务体系有了长足的发展，但是社会工作元素并没有充分体现出来，包括个案工作、小组工作、社区工作等专业手法没有真正落实到位。除此以外，老年群体具有高度异质性，一些更为专业的服务尚未开展，例如临终关怀服务、老年痴呆服务甚至是弱能长者的长期照料服务也比较难开展。这也反映了专业知识的储备有限也限制了相关专业服务的发展。

（三）人力资源配置：以社工为主抑或综合模式探讨

南海区社会服务大部分以社会工作机构为主导，而社工既是专业人员又是机构统筹人员，因此更需要强调团队的跨学科整合。一来社工团队需要专业化的升级改造，二来社会服务团队需要进行其他专业服务人才的管理。

二 展望

南海区的老年社会服务以及老年社会工作将会面临一个新的发展机遇，包括医养结合以及老年服务的科技化。随着南海区人口的老化，老年人对医疗服务尤其是预防性医疗服务、康复医疗服务、保健医疗服务等有巨大的需求。社会工作者如何发挥其专业优势，在未来综合的医养服务大潮流中找到专业定位以及发挥资源链接作用将会影响未来南海区老年社会工作发展方向。此外，信息平台的引入与升级，也会促使老年服务进入数字化阶段，因此，健康电子档案的建立、整理以及使用，老年照料服务如何更好地使用科技以促使其自身发展势必成为重要课题。

第七章
南海区公益创投发展报告

第一节 导论

进入21世纪以来,中国政府越来越多地强调社会治理创新。创新的一个重要方面,是如何发挥各类社会组织的积极作用,扩大公共服务的规模,提高其质量和效率。在这个方面,党和政府在指导思想上已经有了许多明确的论述。2002年党的十六大报告首次对"完善政府的经济调节、市场监管、社会管理和公共服务职能","建设服务型政府"进行了明确的要求。[1] 2003年以来,我国上海、北京、无锡、浙江、广东等地政府向民间组织购买公共服务的探索不断增多,涉及的对象范围不断扩大。2006年《中共中央关于构建社会主义和谐社会若干重大问题的决定》中明确提出"支持社会组织参与社会管理和公共服务"。[2] 2012年中央财政首次安排专项资金支持社会组织参与公共服务,在中央的带动下,一些地方政府部门也拿出专项资金支持社会组织发

---

[1] 《江泽民同志在党的十六大上所作报告全文》,中国网,http://www.china.com.cn/guoqing/2012-10/17/content_26821180.htm,2002年11月8日。
[2] 《中共中央关于构建社会主义和谐社会若干重大问题的决定》,人民网,http://cpc.people.com.cn/GB/64093/64094/4932424.html,2006年10月18日。

展。① 2013年党的十八届三中全会提出全面深化改革的目标，实施创新驱动发展战略，强调创新社会治理，激发社会组织活力。② 2016年中共中央发布的"十三五"规划将"创新"作为指导思想和战略目标，"提出创新社会治理，完善社会治理体系，发挥社会组织作用"。③ 这些政策文件的出台明确了社会组织在创新社会治理体制中的重要角色和作用。

在政策环境的激励之下，我国各类型的社会组织进入一个高速发展的时期。民政部《2015年社会服务发展统计公报》显示，截至2015年年底，我国共有社会组织66.2万个，比2003年的26.6万个增长了148.87%。其中，社会团体32.9万个，比2003年的14.1万个增长了133.33%；民办非企业单位32.9万个，比2003年的12.4万个增长了165.32%；各类基金会4784个，比2003年的954个增长了401.47%。④ 我国社会组织的数量增长速度惊人，但普遍存在能力不足的短板，表现在资金来源单一且不稳定、服务能力薄弱、自主性和规范性不足、价值引领和社会倡导能力不足、专业人才紧缺、公益产权基础薄弱等方面。⑤ 因而如何提高社会组织的可持续发展能力，促进政府与社会组织的合作，共同提供高质量的社会服务，成为备受地方政府关注和重视的问题。

---

① 《2012年中央财政安排2亿元专项资金支持社会组织》，新华网，http://news.xinhuanet.com/politics/2013-02/12/c_114670738.htm，2013年2月12日。
② 《中国共产党十八届三中全会公报发布（全文）》，新华网，http://news.xinhuanet.com/house/tj/2013-11-14/c_118121513.htm，2013年11月14日。
③ 《"十三五"规划新看点》，中国网，http://www.china.com.cn/lianghui/news/2016-03/06/content_37949060.htm，2016年3月6日。
④ 数据来自中华人民共和国民政部《2015年社会服务发展统计公报》。
⑤ 刘志阳、邱舒敏：《公益创业投资的发展与运行：欧洲实践及中国启示》，《经济社会体制比较》，2014年第2期；许小玲：《"扎根"与"生根"：公益创投本土实践的反思与前瞻》，《社会工作》，2015年第4期；王名、王超：《非营利组织管理》，中国人民大学出版社，2016，第139页。

在此背景下，源自欧美的"Venture Philanthropy"（在我国通常称为公益创投）作为一种推动公益类社会组织发展和创新社会治理的形式，受到我国地方政府的积极推动。① "Venture Philanthropy"一词在我国有多种翻译，比如慈善创投、公益风险投资，也有社会经济（Social Economy）的说法，是指借鉴商业风险投资运作的模式，将企业发展理念引入公益慈善事业中，通过资金、技术、管理等多种资源的支持，与被投资者形成长期的合作伙伴关系，达到促进被投资者能力建设和发展模式创新的双重目标。② 公益创投已成为欧美国家进行社会治理创新和发展的重要推动力。③

中国内地与欧美意义上相近的公益创投实践始于2006年，非营利组织"新公益伙伴"（NPP）于当年成立，并在2007年与中国红十字基金会合作注册了"NPP公益创投基金"，被视为中国首个公益创投基金。2009年上海市民政局联合恩派公益组织发展中心举办了上海首届社区公益创投大赛，这是中国首次由政府组织的大规模公益创投实践。④ 随后以"公益创投大赛"为载体的公益创投实践逐步扩展到上海的周边地区，苏州、东莞、浙江、南京、昆山等地陆续进行了借鉴和发展，该实践模式在我国东部和中部地区发展迅速。

佛山地区的公益创投实践起源于2012年，在短短的4年时间

---

① 杨秀：《论公益创投与社会组织发展》，硕士学位论文，青岛大学，2014。
② 许小玲：《"扎根"与"生根"：公益创投本土实践的反思与前瞻》，《社会工作》，2015年第4期。
③ 尹浩、席军良：《以公益为本的效率机制：欧洲公益创投运行机理及其本土启示》，《开发研究》，2016年第1期。
④ 刘新玲、吴丛珊：《公益创投的含义、性质与构成要素》，《福建行政学院学报》，2011年第4期。

内，在基金会、企业、政府的大力推动下，佛山公益创投呈现遍地开花的局面，形成了"政府主导、基金会支持、企业补充"的地方实践模式。佛山地区公益创投的迅速兴起与地方独特的经济社会背景密切相关。佛山市位于广东省中部、珠江三角洲腹地，毗邻广州，邻近港澳，是珠三角经济较为发达的地区之一。2015年佛山市经济总量排在广东省第三位，仅次于深圳和广州。[1] 经济社会的发展带来了人口结构的多元化、人口利益诉求的多样化、社会矛盾和大规模群体性事件的易发多发，这使得佛山市社会治理形势较为严峻。2012年以来佛山市作为全省试点推进行政管理体制改革，大力推行简政放权，积极推动政府职能转变，鼓励社会力量参与社会治理。近年来佛山地区政府购买社会组织服务经费投入增长迅速，佛山市各级政府大力推进购买社会组织服务，对社会组织的服务承接能力提出了严峻的考验。2013年佛山市政协《关于推进政府向社会组织购买服务专题调研报告》显示，佛山3A以上社会组织仅占登记在册社会组织的3.9%，社会组织的力量弱小、资源短缺、服务水平低等问题使得政府面临有钱花不出去的尴尬情境。报告中建议政府学习借鉴东莞和上海的做法，通过举办"公益创投大赛"，建立政府与社会组织双向互动的服务项目确定方式，允许社会组织自主设计服务项目，在评审通过后纳入政府购买服务之中，进一步拓展政府购买服务的实现方式。[2] 这成为佛山地方政府推动公益创投的重要背景。

下面本报告将尝试梳理和分析以下几个内容。其一，梳理国内

---

[1] 《2015年广东各市GDP和人均GDP排名》，世界经济网，http://www.shijiejingji.net/china/guangdong/2016/5813.html，2016年2月19日。

[2] 佛山市政协专题调查组：《关于推进政府向社会组织购买服务专题调研报告》，http://www.docin.com/p-805768793.html，2013年7月。

外有关公益创投的文献,分析公益创投的概念、特征以及与其他政府购买服务方式进行比较。其二,梳理佛山地区(含南海区)公益创投实践的发展阶段和特点。其三,分析佛山地区(含南海区)公益创投的现状及面临的挑战。

第二节 文献回顾

一 欧美公益创投的概念与特征

"Venture Philanthropy"最早于1969年由美国慈善家约翰·洛克菲勒在美国国会税收改革法案听证会上提出,用以表述一种用于解决特殊社会问题的具有一定风险的资助形式。1984年美国"半岛社区基金会"用"Venture Philanthropy"来表达商业风险和自主行为的结合。Letes、Ryan和Grossman于1997年在《哈佛商业评论》发表了名为《美德资本:基金会能向风险投资家学到什么》的开创性文章,从六个方面区分了慈善中的风险投资行为与传统慈善的投资行为,包括:第一,前者控制风险,后者规避风险;第二,前者注重长期发展的绩效考核,后者注重短期方案的效果;第三,前者投资者与被投资者是亲密合作伙伴,后者通常投资者不参与运营项目,保持一定距离;第四,前者融资少,但投入大,后者融资多,但投入较少;第五,前者的合作时间一般达数年,后者的合作时间很少超过两到三年;第六,前者有明确的退出时间,后者则很少会有退出时间。[①]

公益创投的具体实践始于20世纪90年代中期的美国,在20

[①] 赵萌:《慈善金融:欧美公益风险投资的含义、历史与现状》,《经济社会体制比较》,2010年第4期;马里奥·莫尼罗:《美国公益风险投资运行概述》,吴梅摘译,《经济社会体制比较》,2010年第4期。

世纪 90 年代末期之前，美国的公益创投发展为自主模式，是基金会自发的行为，基金会利用自己的社会资源募集资金，在参与慈善事业的时候，使用商业风投的方法评估公益组织的社会效益，主要采用资金资助的模式，辅以提供战略管理等非资金资助为公益组织提供帮助。而在 20 世纪 90 年代末期后，美国政府逐渐开始关注公益创投的发展，并成为公益创投的投资人。[1] 几乎同时期，公益创投被引入了英国和意大利等欧洲国家。2002 年英国第一个公益创投基金 Impetus Trust 成立，同年意大利第一个标准意义上的公益创投基金 Fondazione Oltre 成立。2004 年欧洲公益创业投资协会（European Venture Philanthropy Association，EVPA）成立，EVPA 网络作为一个桥梁，连接了国际组织、公益组织和基金会，强调社会资源的整合，这也标志着欧洲公益创投由此进入快速发展的时期。[2]

"Venture Philanthropy"目前没有一个明确的定义和模式，只是一种公益资助理念的总称。[3] 有几种名称被交叉使用，比如"公益风险投资"、"慈善投资"、"慈善创投"、"战略性投资"等。[4] 应用最为广泛的定义是欧洲公益创业投资协会提出的："公益创投是将风险投资的工具用于公益慈善事业，通过为社会目标组织提供资金和非资金支持，以提升社会目标组织自身的能力和社会影响。"[5]

在公益创投的特征方面，Sievers 提出公益风险投资的四项基本

---

[1] 朱照南、马季：《公益创投的美国经验》，《中国社会组织》，2016 年第 2 期。
[2] 刘志阳、邱舒敏：《公益创业投资的发展与运行：欧洲实践及中国启示》，《经济社会体制比较》，2014 年第 2 期。
[3] 朱照南、马季：《公益创投的美国经验》，《中国社会组织》，2016 年第 2 期。
[4] 为了在名称上前后一致，本报告统一使用"公益创投"以代替上述所有名称。
[5] European Venture Philanthropy Association (EVPA), European Venture Philanthropy Directory, http://www.evpa.eu.com/directory-of-members.php.

假设：绩效评估、规模化、投资者控制与退出策略。① Frumkin 将公益创投比喻成"三条腿的凳子"，指出其资本化、参与和绩效管理的三个特征②，这对应了解决社会组织在传统公益慈善领域困境的对策。我国台湾学者张其禄和叶一璋比较了西方公益创投与传统的慈善资助，梳理出公益创投的五大本质特征：其一，投资而不是赠予，关注资金使用和绩效目标；其二，创新的捐赠方式，包括现金以及现金之外的捐赠方式，比如捐赠股票选择权；其三，强化非营利组织的改革与责任，包括对资源提供者以及服务使用者；其四，公益创投搭建的协作平台是企业借助公益慈善通往"企业社会责任"的捷径；其五，募款与运作方式为非营利组织提供永续经营的机制，包括重视非营利组织的财务配置、经营效率以及长期投资效益（社会或公益目标的达成等）。③

总体而言，EVPA 对公益创投特征的总结较为全面，包括以下六个方面。④

（1）高度的参与性：公益风险投资者与其资助的组织关系密切，为了获得组织更为全面的信息和便于驱动组织创新，公益风险投资者通常会介入组织的内部管理中，或成为组织中的管理人员。

（2）量体裁衣的金融安排：和商业风险投资一样，公益风险投资者会根据组织的特征，包括环境条件、区域特殊性、基础设施特征等因素，评估出最适合组织的金融安排。

---

① Sievers, B., *If Pigs Had Wings: The Appeals and Limits of Venture Philanthropy*, Issues in *Philanthropy Seminar*, Georgetown University, 2001.
② Frumkin, P., "Inside Venture Philanthropy", *Society*, 2003, 40 (4): 7 – 15.
③ 张其禄、叶一璋:《公益创投：非营利组织的管理革新》,（台湾）《空大行政学报》, 2008 年第 19 期。
④ European Venture Philanthropy Association (EVPA), European Venture Philanthropy Directory, http://www.evpa.eu.com/directory-of-members.php.

（3）长期的资金支持：公益风险投资通常为组织提供3—5年的资金支持，资助时间根据组织的具体情况而异，但一般以组织在投资期满前实现财务自给为目标。

（4）非资金支持：除资金支持外，公益风险投资通常会提供一系列的增值服务，如战略规划、营销与沟通技能培训、管理培训、人力资源指导、资源网络搭建、接触潜在的投资者等。

（5）组织能力建设：公益风险投资致力于在其投资组合中培养组织的运行能力和长期生存能力，而不是投资单个的方案或项目。

（6）绩效评估：公益风险投资是基于绩效的投资，重点关注良好的业务规划、可评估的产出、预定目标的达成、明晰的责任归属以及良好的管理能力。[①]

Giuseppe Rohr 在 EVPA 的基础上，进一步补充了有助于区分公益创投的一些潜在概念，具体包括：融合价值，即组织所产生的经济价值、社会价值和环境价值，这三者是不可分割的；社会价值放大，即组织的社会影响和社会效益得以提升，不仅包括测量产出，还包括测量双方的合作、交流、创新、专业知识等是否有助于实现特定目标；产出和成效，对于社会目标组织而言，成效比产出更为重要；以社会为本的投资，不仅仅关注经济价值回报；社会投资回报，即因公益创投而产生的可测量和可视化的社会变化；退出策略，以实现社会组织自我造血为目标。[②]

我国台湾学者张其禄和叶一璋根据投资者对非营利组织运作的介入程度，将欧美的公益创投划分为三种运作模式：仅投资而不参与其运营管理的公益创投基金，资金供给者只提供资金的投资和资

[①] 赵萌：《慈善金融：欧美公益风险投资的含义、历史与现状》，《经济社会体制比较》，2010 年第 4 期。

[②] Giuseppe Rohr, Social Impact Measurement in Social Purpose Organizations, 20 Jan. 2014.

助,但不参与受资助非营利组织的经营管理;有限参与的公益创投基金,资金供给者会关注受资助非营利组织的经营风险、绩效以及项目主管或负责人的管理和领导能力,但不会提供管理上的协助;类似商业创投的公益基金,资金提供者会高度介入非营利组织各个层面的经营管理,以提升其管理能力和绩效。①

欧美的公益创投的工作流程与商业风险投资的过程类似,主要包括以下六个步骤(见图7-1)。其一,投资方遴选潜在的投资对象;其二,开展尽职调查(Due Diligence),包括对组织使命、团队、市场、风险等方面进行全方位的评估;其三,选定受资助方,双方共同拟定出资方案、组织战略和服务提供方式等,按照约定进行资助和能力建设,最终完成组织目标;其四,资助和能力建设;其五,资助方对受资助方进行成果考察,包括对项目的绩效评估、组织能力成长评估等,并制定退出策略;其六,资助方退出并开展新一轮资助。②

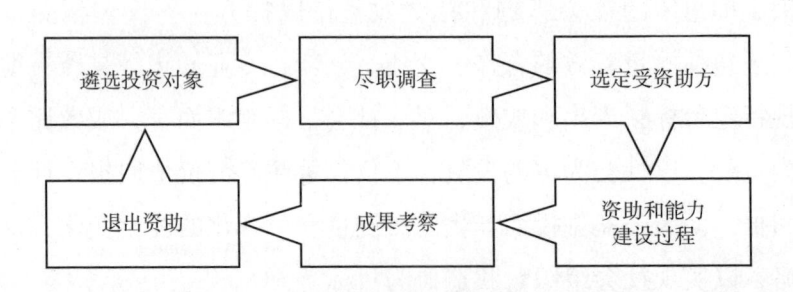

图7-1 欧美公益创投的步骤

---

① 张其禄、叶一璋:《公益创投:非营利组织的管理革新》,(台湾)《空大行政学报》,2008年第19期。

② 张其禄、叶一璋:《公益创投:非营利组织的管理革新》,(台湾)《空大行政学报》,2008年第19期;蔡琦海:《公益创投:培育非营利组织的新模式——以"上海社区公益创投大赛"为例》,《中国非营利评论》,2011年第7卷。

二 中国大陆公益创投实践的发展

从公益创投的发起者或资金供给主体来划分，我国的公益创投实践可分为基金会发起模式、企业资助模式和政府主导模式。① 政府主导模式下的公益创投是以政府资金供给为主体，将提升公共服务效率、效果与培育社会组织相结合的一种公益创投模式。② 在我国目前的公益创投实践中，地方政府已然成为主导力量，地方政府主要以项目大赛的形式遴选项目，并给予入围的项目资金和非资金支持。③

地方政府对于公益创投的兴趣主要源于近年来社会治理创新的现实诱因。④ 公益创投是培育和发展社会组织的创新形式之一，以满足日渐增长的社区需求。⑤ 王劲颖总结上海的经验后，认为公益创投的积极作用在于"扶持公益组织、培育公益项目、提高公益资金使用效率、激发基层参与公益事业积极性、形成政府购买公益服务机制"。⑥

相较于欧美，我国政府主导的公益创投地方实践形成了自身独特的特点，我们尝试梳理了我国地方政府主导的地区首届公益创投大赛实践（见表7-1）。

---

① 吕纳：《公益创投的本土实践分析》，《价值工程》，2012年第24期；崔光胜、耿静：《公益创投：政府购买社会服务的新载体——以湖北省公益创投实践为例》，《湖北社会科学》，2015年第1期。
② 同春芬、管英：《街道公益创投的困境与出路》，《中共青岛市委党校青岛行政学院学报》，2015年第3期。
③ 李健、唐娟：《政府参与公益创投：模式、机制与政策》，《公共管理与政策评论》，2014年第1期。
④ 王瑞鸿：《公益创投的鲶鱼效应》，《中国社会工作》，2012年第3期。
⑤ 郑胜分、刘育欣：《公益创投：社会企业的另一种契机》，《中国非营利评论》，2015年第1卷。
⑥ 王劲颖：《公益招投标和公益创投实践的差异分析及思考》，《长沙民政职业技术学院学报》，2011年第4期。

表7-1 我国各地举办首届公益创投大赛的实践比较

地区	上海市	深圳市	东莞市	南京玄武区	湖北省
时间	2009年	2009年	2011年	2011年	2014年
名称	社区公益创投大赛	公益项目创意大赛	公益创投活动	社区服务公益创投项目	社区公益创投大赛
主办部门	市民政局	市民政局	市民政局	区民政局	省民政厅
实施主体	非营利组织（上海浦东非营利组织发展中心）	非营利组织（深圳市社会公益基金会）与媒体（深圳电视台）	非营利组织（恩派公益组织发展中心、东莞现代公益组织评估中心）	非营利组织（南京市公益创投协会）	非营利组织（湖北城市社区建设研究中心）
资金来源	福利彩票公益金	社会捐助、福利彩票公益金	社会捐助、福利彩票公益金	财政资金、福利彩票公益金、慈善基金、社会捐助	福利彩票公益金
资助期	1年	1年	1年	1年	1年
资助金额	20万元以下	20万元以下	社会定向捐助资金与配套资金相结合，配套比例为1:2，配套资金上限为50万元	资助项目不超过2万元，招投标和定向购买项目不超过20万元	1万—3万元（含0.5万—1万元奖励资金）
资助领域	为老、助残、帮困、青少年	为老、助残、青少年、救助帮困、外来务工、社区发展、环保等	为老、助残、青少年、救助帮困、其他公益类	社会公益事业、福利慈善、社区专业服务、其他项目	社区发展、为老、助残、帮困、家庭、妇女、外来务工、青少年

从这几个较早由地方政府开展的公益创投实践来看，我们可以看到趋同性较高，包括：各地公益创投的主办政府部门都是民政系统；实施主体一般是第三方非营利组织；资金来源都有福彩公益金；都主要面向社会相对弱势人群；实施周期普遍较短，通常只有1年。而有所区别的地方在于：公益创投的发起部门从市级往区级

和省级扩散；部分地区的资金来源除了福利彩票公益金，还涵盖了地方财政资金和自筹资金成分；在实施主体上，第三方非营利组织的属性有所不同，比如部分地方由基金会或社会团体或者媒体部门负责组织，另外在第三方的数量上也有差别，比如部分地区采用两个第三方组织合作的形式共同实施；在资助金额上，从1万元至20万元不等，部分地区的项目金额较小，只有1万—3万元。

李健和唐娟从发起设立、运行模式、活动方式和支持工具四个方面对我国政府参与公益创投进行了分类整理（见表7-2）。在政府的发起部门上，李健和唐娟将慈善会等官办慈善机构也归入政府部门。

表7-2 我国政府参与公益创投的特征分类

特征	形式	区别
发起设立	单独发起	发起形式、政府层级和发起部门上有差异
	多部门发起	
	联合其他组织发起	
运行模式	独立运作	政府部门独立运作公益创投，不涉及其他独立的组织主体
	委托第三方运作	政府提供资金，委托第三方（通常是社会组织）提供专业的人员和服务进行评审、监督和评估
活动方式	公益招投标	各个社区或单位提出需求申请，有关公益组织"揭榜认领"。包括服务项目的立项、招标、投标、评审、审批、项目实施六个环节
	公益创投大赛	基层公益组织或机构提出选题，报请公益创投主管部门审核批准，以创投大赛形式开展。包括项目征集、项目评审、报请审批、签订合同、项目实施五个环节
支持工具	财务支持	定额资助或设定上限的浮动资助方式
	非财务支持	能力建设和培训为主

资料来源：见李健、唐娟《政府参与公益创投：模式、机制与政策》，《公共管理与政策评论》，2014年第1期。

目前我国官方文件以及学术界关于政府购买服务与公益创投概念的区别还没有统一的意见。我国官方出台的为数不多的公益创投政策文件中，南京市民政局颁布的《南京市公益创投实施意见》将公益创投的方式划分为资助、招投标、定向购买等，其与政府购买服务方式有较大的重叠；而深圳市光明新区、广州市、宁波海曙区、上海市已出台的公益创投管理办法都是用"项目资助"的方式来形容公益创投，这些地区官方似乎刻意回避了公益创投与政府采购方式的区别。

我国学术界对于公益创投与政府购买服务之间的关系存在不小的争议。部分学者认为公益创投是政府购买社会服务的新方式，例如芦苇、吕双慧、王瑞鸿、傅金鹏、王劲颖、崔光胜、马蕾、朱晓红等。但也有学者提出质疑，认为公益创投的出发点不是购买社会服务，核心目的是培育社会组织，认为国内的公益创投实践实际与西方的公益创投初衷有所偏离。[①] 赵萌对传统资助活动和公益创投进行了区分。她认为传统资助活动针对的是具体项目，旨在在特定的时间内缓解或解决特定的社会问题；而公益创投的主要目的在于增强被支持组织可持续解决社会问题的能力。这两种形式在目标、使命、组织结构和工作方式等方面有所区别。[②]

鉴于此，本报告以西方公益创投研究者普遍认可的定义[③]，与国内政府购买社会组织服务方式，包括定向委托、公开招投标、竞争性谈判等，进行了对比，并归纳了两者在以下几个方面的区别（见表7-3）。

---

① 许小玲：《"扎根"与"生根"：公益创投本土实践的反思与前瞻》，《社会工作》，2015年第4期。
② 赵萌：《慈善金融：欧美公益风险投资的含义、历史与现状》，《经济社会体制比较》，2010年第4期。
③ 参考EVPA对公益创投的定义和特征介绍。

表7-3　公益创投与其他政府购买服务形式的区分

政府购买服务形式	公益创投	定向委托	公开招投标	竞争性谈判
行为对象	初创型或微型社会组织	指定符合条件的社会组织	3家或以上社会组织	邀请3家以上社会组织谈判
选定标准	项目理念和创新	项目可行性和项目成效	项目可行性和项目成效	项目可行性和项目成效
需求认定方及认定方式	社会组织自下而上	委托方自上而下	委托方自上而下	委托方自上而下
支持形式	资金支持、非资金支持	资金支持	资金支持	资金支持
过程特点	过程支持	过程监督	过程监督	过程监督
行为目标	社会组织能力提升	社会服务绩效	社会服务绩效	社会服务绩效
退出节点	实现组织的财政自我造血功能	视评估结果，不确定	视评估结果，不确定	视评估结果，不确定

（1）准入的条件不同。其他政府购买服务形式要求社会组织自身具备一定的能力和资质条件，且侧重项目书的目标与内容的可行性和项目成效；公益创投一般面向初创型或微型社会组织，侧重机构的理念和创新，以及机构的发展潜力。

（2）强调社会组织之间的竞争性。定向委托、公开招投标、竞争性谈判等购买方式是基于单个项目的委托和竞争，供应对象数量都是有限的。公益创投不限定项目数量和供应商范围，组织范围更加广泛。

（3）强调服务需求的"自下而上"。其他政府购买服务形式，如定向委托、公开招投标、竞争性谈判等，政府明确地规定了购买的内容和具体的要求，需求是"自上而下"确定的；公益创投则不限定服务内容和服务对象，由社会组织自行根据实际需要提出，更加强调"服务需求的自下而上"，具有更强的自主性。

（4）注重社会组织的能力建设。一般政府购买服务方式中，政府没有义务为社会组织加强自身的能力建设，虽然政府购买服务的经费中可能配置一定比例的督导和培训费用预算，但这个由社会组织自身支配，且只是支持单个项目的运作，对机构的能力支持有限。公益创投的核心特征之一是注重社会组织能力支持，通过提供全程的支持，推动社会组织本身和项目的成长和发展，以实现社会组织完成自身造血，实现独立运转为目标。

（5）强调多方参与。政府购买服务中，政府一般作为出资方、监督方，与执行的社会组织构成资助方和受资助方的"二元关系"，互动很少，一般只有在项目接洽确定、项目中期和末期的评估环节有互动；而公益创投强调政府部门与社会组织的互动和合作关系，政府部门也要参与对社会组织自身的运作管理，以及进行服务实施过程的跟踪了解等。

（6）退出节点不同。其他形式的政府购买服务，侧重对服务成效的评估，如服务成效达到要求，会考虑延续性长期购买，不限定退出时间。而公益创投除了需进行项目绩效评估外，还需要进行组织能力成长评估，如组织能力已得到提升，实现财政自我造血功能，那么资助方将会退出对下一个组织进行资助。

三 中国公益创投实践与西方经验的对比

与西方相比，中国的公益创投实践既有趋同也有自身不同的特质。

李学会对中国上海、南京、东莞、昆山四地的公益创投实践进行研究发现，与西方模式不同的是，我国的公益创投大多采用竞争性购买和定向购买相结合的方式；在服务提供方面，中国的公益创投强调社会组织之间的竞争，强调申请项目的淘汰制而非以申请为导向的资助；西方欧洲公益创投以基金会为资助主体，而中国公益创投主导者为政府及其执行机构。国内的项目资助周期较短，通常在 1 年左右。① 赵萌的研究发现，欧洲有相当部分的公益创投基金专注于成长阶段而不仅仅是创业阶段的社会组织②，包括已经实现稳定和良好运转的、处于成长或趋于成熟阶段的社会组织，甚至是具有清晰社会效益的商业企业，这凸显了欧洲国家在公益创投中风险的规避和兼顾社会、经济效益的投资取向。而中国公益创投的投资对象大多是处于初创时期的非营利组织，作用更多体现在孵化器的功能上。③

蔡琦海分析了上海公益创投与国外公益创投的区别，他从资助依据、资助期、资金来源、运行机制、资助方参与度、实现主体、成果测量、退出战略、关注点等方面进行了比较，认为我国的公益创投在借鉴西方的公益创投理念的同时，在执行上带有传统补助模式的特征，是一种混合的模式。④ 他认为造成中西公益创投发展的差异的原因不外乎两点：一方面，公益创投的概念引入和创新并没有脱离我国传统公益活动的土壤，实际是在传统公益补助上的传承和改造，我国还处于摸索实践的阶段；另一方面，非营利组织的发展阶段不一致。西方的非营利组织以及公益事业发展相对成熟，社会企业发展领先，资金来源向商业化倾斜，相比之下，我国公益创投的发展与现阶段非营利组织起步较慢，社会企业和基金会的发展未成熟的现状密切相关。

---

① 李学会：《公益创投：政府购买社会组织公共服务的实践与探索》，《社会工作》，2013 年第 3 期。
② 社会目标组织包括各种类型的具有清晰社会目标的组织。例如，项目运作类型的非营利组织、社会企业或由社会目标驱动的商业企业。
③ 刘新玲、吴丛珊：《公益创投的含义、性质与构成要素》，《福建行政学院学报》，2011 年第 4 期；赵萌：《慈善金融：欧美公益风险投资的含义、历史与现状》，《经济社会体制比较》，2010 年第 4 期。
④ 蔡琦海：《公益创投：培育非营利组织的新模式——以"上海社区公益创投大赛"为例》，《中国非营利评论》，2011 年第 7 卷。

我们根据赵萌、蔡琦海、李学会、吕双慧等人的研究成果,进一步梳理了中国内地和欧美地区的公益创投实践的特点(见表7-4)。

表7-4 中国内地和欧美地区的公益创投实践的区别

类别	中国内地公益创投	欧美地区公益创投
资助主体	政府及其执行机构主导	私募基金会为主
资金来源	福彩公益金、财政资金为主,基金会和企业投入为补充	政府投资、私募基金会和个人相结合
资助期限	短期资助,1年	长期资助,3—6年
运行机制	出资方一般不参与组织运作,委托第三方组织执行	资助方出资,且参与到受资助组织的日常运作
资助形式	资金为主,辅之以能力建设所需的知识、技术等	量身定制的资金与非资金支持
实现主体	以非营利组织的项目为主体	社会目标组织
评选依据	以项目创新性、公益性、可持续性、受益面等为主	以创意和责任为主
成果评估	项目的成果报告,即是否完成原定的服务量和符合服务标准	对项目和组织的绩效评估,测量社会投资回报以及社会组织的成长
退出机制	短期创投,项目期满1年后退出	判断社会组织完成社会目标且有自主发展能力,确定社会组织能够独立运营后,投资者便终止对受助对象的支持

尽管西方公益创投的发展相对成熟,但也不免存在诸多不完善的地方。关于公益创投中投资方的高度参与和受资助组织自主性的问题、商业实践被转移到公益部门产生的"文化冲突"问题、社会效益/影响难以量化以及社会效益和商业利润之间的耦合难题等引起的争议一直都存在。[①]

[①] 尹浩、席军良:《以公益为本的效率机制:欧洲公益创投运行机理及其本土启示》,《开发研究》,2016年第1期;赵萌:《慈善金融:欧美公益风险投资的含义、历史与现状》,《经济社会体制比较》,2010年第4期。

第七章 南海区公益创投发展报告

我国学者根据公益创投的实践运行模式，对国内公益创投的实践优势和面临的问题和困境进行了分析。我国政府主导的公益创投具有一定的优势，客观上能高效整合多种资源，让目标群体受益，然而在运作过程中也暴露出一些问题，主要体现在筹集资源的单一性、社会参与不足、缺乏量化的社会效应评估指标、难以严格地界定公益创投所带来的社会影响和运行效率、投资支出的无偿性、项目的非资金支持相对不足以及未能建立起相应的退出机制等。[1]

李学会从政府、服务提供者和社会组织三个方面对公益创投面临的困境和问题进行了归纳。在政府方面，他认为各地成立社会工作委员会使得政府部门臃肿而职能重复，社会组织所承接的政府购买的公共服务出现重叠。在服务提供者上，他认为公益创投组织者和人才的专业化程度不高。在社会组织方面，他认为社会组织面临的资金短缺问题难以解决，项目运作周期与服务供给的持续性之间存在冲突；政府购买导向与社会组织自身发展方向之间存在矛盾；项目评估在眼前效果与长远社会收益之间产生了冲突。[2]

蔡琦海则认为，政府作为社会服务的购买者，未能清楚地知道如何回答"购买什么、向谁购买以及买到了什么"；缺少多样化的监督与评估机制；第三方组织的加入使得运行机制发生了改变，可能造成大量的信息不对称和利益冲突现象。[3]

---

[1] 刘宸：《行政主导下的公益创投：实践观察与理论思考——以南京市为例》，硕士学位论文，南京师范大学，2015；李健、唐娟：《政府参与公益创投：模式、机制与政策》，《公共管理与政策评论》，2014年第1期。

[2] 李学会：《公益创投：政府购买社会组织公共服务的实践与探索》，《社会工作》，2013年第3期。

[3] 蔡琦海：《公益创投：培育非营利组织的新模式——以"上海社区公益创投大赛"为例》，《中国非营利评论》，2011年第7卷。

第三节　佛山市及南海区公益创投发展概况

一　佛山市公益创投的发展阶段及特征

佛山地区的公益创投实践起源于2012年，短短的4年时间内，在基金会、企业、政府的大力推动下，佛山公益创投呈现遍地开花的局面，形成了"政府主导、基金会支持、企业补充"的地方实践模式。佛山的公益创投通常以"项目大赛"形式开展，包括项目申报、项目评审、项目资助、能力支持、过程监督、项目退出的整个过程。

我们根据佛山市公益创投的发展特征，将其分为两个阶段。

（一）第一个阶段（2012—2013年初）

1. 民间力量最早推动，面向主体较为多元

佛山民间以媒体、企业、基金会为主体的公益创投兴起得比较早，2012年2月由佛山传媒集团主办，佛山日报社、佛山市慈善会承办的佛山市首届公益慈善项目大赛开了佛山公益创投的先河，大赛明确表示采用公益慈善创投的方式，采用"传媒搭台、企业支撑、第三方执行、社会共建、公众参与"模式[①]，链接多个主体资源，实现多方的合作共赢。大赛对申报机构的性质不加限制，包括民间公益组织、事业单位、公司企业、志愿者团队、个人等均可报名参加，而未注册的机构申报则需要有已注册的机构作为挂靠单位。大赛资金由佛山17家本地爱心企业捐赠，每家企业资助5万—15万元，共计筹集185万元款项。大赛邀请了广东千禾社区公益

---

① 张少鹏：《公益慈善改变城市生态》，《佛山日报》，2015年2月7日。

基金会作为第三方执行机构，进行社会组织能力建设、公益资源网络搭建、项目走访监察以及项目评估等，以提升各项目的策划及执行能力。① 大赛在项目评审环节，设置了专家评审、公众网络票选、专家面试、企业终选四项内容，最终在95个申报项目中有18个项目脱颖而出获得资助，这18个项目实施主体类型涵盖个人团队、企业、事业单位、公益组织、社工机构等，具体分布如图7-2所示。佛山首届公益慈善项目大赛动员企业和市民参与，由佛山传媒集团进行了大规模的宣传和报道，引起了广泛的社会关注。②

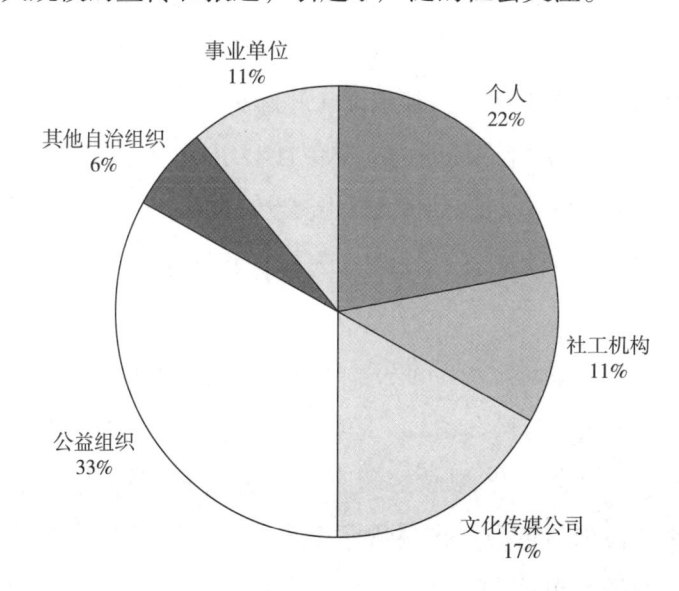

图7-2 佛山市首届公益慈善项目大赛获选项目实施主体分布

2. 政府抱试验态度，大力扶持社工项目

2012年9月，由佛山市顺德区人民政府主办、顺德区人力资源与社会保障局协办、顺德区社会创新中心承办的顺德区首届公益

---

① 广东省千禾社区公益基金会网站，http://www.gdharmonyfoundation.org/project_population/79.html。
② 张少鹏：《公益慈善改变城市生态》，《佛山日报》，2015年2月7日。

创新大赛正式启动，大赛也明确提出并运用"公益创投"的概念，这是已知的佛山地区最早由政府部门主导举办的公益创投活动。与之前的佛山公益慈善项目大赛相似的是，大赛规定申报主体也较为广泛，除政府机关限制申报外，任何单位和个人、组织都可以报名参与；借助电视和媒体的直播和参与；大赛的项目评审环节设置了项目申报、初赛评审、项目育成推介、总决赛评审四个阶段；聘请第三方机构协助大赛执行，都对获资助主体提供资金和非资金支持，明确提出对公益社会组织的扶持。与佛山市公益慈善项目大赛不同的地方是，顺德首届公益创新大赛对社会组织的筹资能力提出更高的要求，大赛采用"社会捐助＋政府种子资金1∶1配套"形式，最高配套限额50万元，同时为了避免社会组织的筹资能力不足带来的困局，大赛为无定向捐助或配套资金少于预算的项目提供了补充资金的缓冲；同时大赛邀请公众代表担任评审嘉宾，更加注重公众参与。

顺德首届公益创新大赛的宗旨是希望激发顺德市民的公益创新热情，建立创新项目与投资者、支持者间的合作平台，促进顺德的公益事业发展和社会建设。① 顺德区政府投入了500万元资金，面向所有领域征集公益项目创意，大赛规定申报主体也较为广泛，为除政府部门以外的任何单位和个人、组织，最终入围的27个创投项目中，涉及主体类型较为多样，包括个人、社工机构、公益组织、事业单位等，其中以社工机构为申报主体的项目获选率最高（见图7-3）。

（二）第二个阶段（2013年年初—2015年年底）

在佛山市和顺德区的"公益创投大赛"的刺激带动下，佛山

---

① 2012年顺德首届公益创新大赛官方网站，http：//sdgycx.kdnet.net/tounament.php#xijie。

第七章 南海区公益创投发展报告

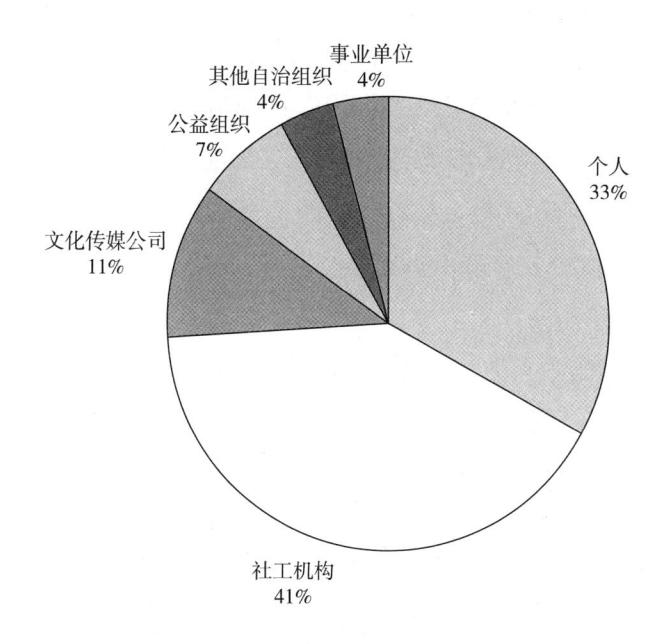

图7-3 顺德区首届公益创新大赛获选项目实施主体分布

（饼图数据：个人 33%，事业单位 4%，其他自治组织 4%，公益组织 7%，文化传媒公司 11%，社工机构 41%）

南海区、禅城区、三水区等后来居上，越来越多的政府部门成为公益创投的主办方。相对于国内其他城市政府发起的公益创投，佛山市政府主导的公益创投具有以下明显特征。

1. "纵向-横向"扩散格局

相对于国内其他城市举办的公益创投活动，佛山地方政府职能部门发起的公益创投更为多元。从纵向层面而言，佛山市、区、镇街三级地方政府都有以"公益创投大赛"形式推动公益创投的实践；从横向层面而言，不仅限于民政系统，几乎所有与社会政策相关的职能部门甚至规划部门都主办或参与公益创投活动。[1]

2. 公益创投的政府投入和举办次数持续增加

地方政府成为佛山公益创投的主导力量，这体现在以下两个方

---

[1] 陈永杰：《把脉佛山慈善：佛山公益创投何去何从？》，《佛山市慈善会2013年年刊》，第53页。

面。一方面，政府财政投入公益创投的资金总额持续增加。据不完全统计，佛山公益创投的总投入从2012年的890.81万元增加到2015年的3693.93万元，连续3年呈现高速增长，其中政府财政投入的增加是最大的推力，政府财政投入公益创投的资金从2012年的723万元增加到2015年的2407.52万元（见图7-4）。从2012年至2015年，佛山市投入公益创投的资金中，政府财政资金投入占总体比例维持在六成以上，2012年比例达到81.16%，2013年和2014年分别达到了73.77%和75.32%，2015年比例有所下降，也达到了65.18%。①

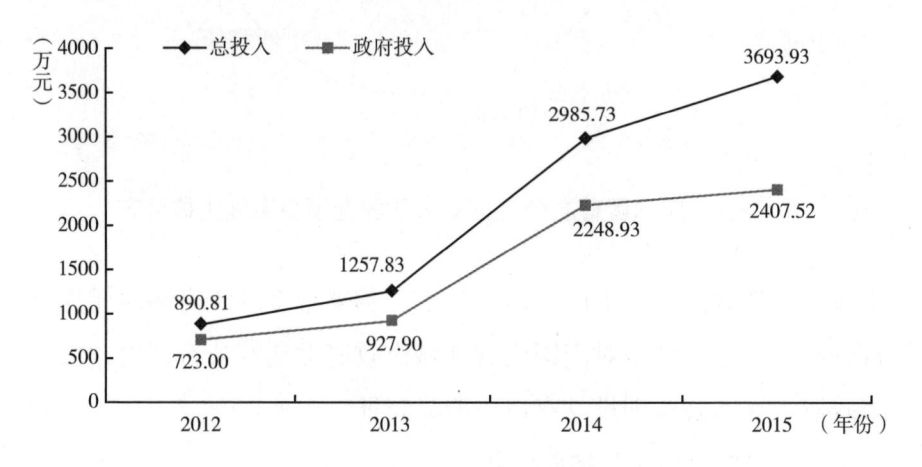

图7-4 佛山公益创投总投入和政府投入比较

另一方面，政府举办的公益创投大赛数量明显增长，并且从市级、区级向镇街级扩散。以佛山市南海区为例，南海区有7个镇街，至2015年年底，几乎7个镇街的政府职能部门都主办了公益创投活动。2012—2015年，政府主办公益创投活动的次数呈递增状态，且镇街层面举办公益创投活动的次数已经超过区级层面（见图7-5），公益创投大赛有从市、区级下沉到镇街、社区层级的趋势。

---

① 参见附录四。

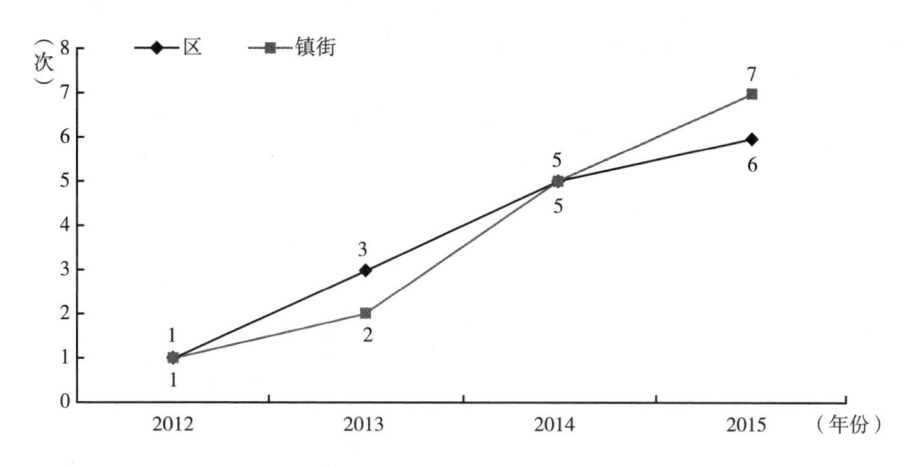

图7-5　2012—2015年佛山市南海区区级和镇街级
部门举办公益创投活动的次数

3. 申报对象更针对公益类社会组织

随着佛山公益创投实践的深入发展，地方职能部门主办的公益创投大赛在申报主体上更具针对性，从早期的不限制单位和个人，到限定参与主体范围，且更加针对不同层级的实施公益类服务的社会组织。比如佛山市级举办的公益创投大赛更倾向于市级注册的社会组织，且从地区均衡发展的角度，有意优先照顾欠发达区域的公益组织申报的项目。区级层面举办的公益创投大赛也倾向于本区注册的社会组织申报的项目，要求项目实施在本区范围内。而镇街层面的公益创投大赛更有针对性地面向社区社会组织和自组织，突出培育社区社会组织的功能。比如南海区大沥镇面向已成立的27个街坊会开展竞争性资金分配活动；西樵"至善基金社会服务项目"针对镇内的社区互助社；丹灶"有为基金优秀社会服务项目"针对镇内成立的社区"邻里家"。这些社区社会组织和自组织一般由社区热心居民或志愿人士组成，部分镇街引入社工机构力量补充增强专业支持。镇街层面举办的公益创投活动，一般通过鼓励社区社会组织以及其他社会组织承接政府服务项目，推动社区居民参与社区事务管理，以达到"凝聚民心"、"服务居民"、"推动民主自治"、"创新基层治理"的目的。①

第四节 挑战与展望

"公益创投"在国内的"生根"和快速发展，离不开政府推动社会治理创新的意图和制度背景。然而，中国和西方的社会历史背景和现实环境完全不同，社会组织在生成路径、资源获取、结构特性、管理体系、能力水平等方面有着各自的特征。② 公益创投在中国本土化的过程必然会经历与本土文化和经验相互调适的过程。③ 综观前文的文献分析和佛山公益创投的阶段和特征梳理，我们可以发现公益创投在我国的本土化发展与西方的概念特征产生了一些路径偏移，下面我们尝试去梳理这些原因，并提出相应的建议和对策。

一 概念定位不清

佛山的公益创投实践面临最为突出的问题是主导发起的政府部门尚未厘清公益创投和政府购买服务之间的区别和侧重点。这一方面造成政府以"购买服务"的筛选标准和评估标准来要求社会组织，在项目筛选的时候往往将最需要资金扶持的、有发展潜力的初

---

① 《丹灶"邻里家"开启居民自助服务模式》，佛山文明网，http://www.fswmw.gov.cn/jwmsxf/201404/t20140422_1128370.htm；《西樵樵乐社区开展公益服务 服务居民同时更凝聚民心》，佛山文明网，http://www.fswmw.gov.cn/zyfwhd/201412/t20141208_1488754.htm。
② 唐斌：《中国非营利组织研究的新进展》，《南京社会科学》，2005年第7期。
③ 许小玲：《"扎根"与"生根"：公益创投本土实践的反思与前瞻》，《社会工作》，2015年第4期。

创型社会组织排除在外，在项目评估的时候往往只关注"项目"本身，而忽视对"机构能力"和"自我造血功能"等维度的考察。令不缺乏资金支持的大型机构"频频拿到新项目"，变相支持大型机构脱离实际和发展方向去"创新"服务，产生"机构发展错位"、"创新难以形成持续生产力"等现象。另一方面，公益创投与常规政府购买服务之间并未形成衔接和转化机制，绝大部分的公益创投项目在资助期结束后便停止运作，服务周期短而社会成效有限，以致社会影响难以体现，在一定程度上造成财政资源的低效使用。

因此，首要对策应该是协助政府部门明确公益创投和政府购买服务的概念及其区别。如前文所述，两者在行为对象、选定标准、需求认定方及方式、支持形式、过程特点、行为目标、退出节点等方面存在不同的特点。公益创投旨在发掘创新型的社会项目，通过资金和非资金支持，培育和发展初创型社会组织或有潜力的社会组织，使社会组织实现从"输血"到"造血"功能的转化。公益创投的概念本身就意味着风险与机遇共存[1]，对于这一点政府应该有清晰的认知和定位。对于刚刚起步的地区而言，公益创投的重要目的是培育初创型和微型社会组织，因此在项目筛选和评审环节，应考虑通过设立加权指数等方式，向初创型和微型社会组织倾斜，扶持这类组织的成长，在项目评估环节应增加对机构成长和能力方面的考核指标。欧洲的经验表明，对于初创型和微型社会组织的孵化帮助其价值要大于资金本身。因此在公益创投中，政府部门除了投入必要的资金外，还必须重视公益创投对社会组织的能力配套支

---

[1] 陈伟东：《赋权社区：居民自治的一种可行性路径——以湖北省公益创投大赛为个案》，《社会科学家》，2015年第6期。

援，逐步帮助其完善内部治理结构，建立有效的激励约束机制，推动社会组织的可持续发展。

其次，应该完善公益创投和政府购买服务的衔接机制。公益创投与政府购买服务之间应该是互为补充的关系，因此政府部门应该从制度上明确公益创投与政府购买服务的关系，将培育出来的优秀项目纳入常规的政府购买服务预算，优先将培育成功的优秀社会组织纳入承接政府职能转移和购买服务的目录之中，形成两者之间良好的转介和衔接机制，进一步补充和丰富现有的政府购买服务内容。

二 资助周期短，碎片化购买

公益创投的另一个重要问题是资助周期短，碎片化购买现象较为严重。资助周期短的根本原因是财政投入不稳定，公益创投没有被列入政府常规财政预算之中。欧美国家的公益创投发展中，其中一个重要特征是提供长期的资金和非资金支持，一般为3—5年。然而我国公益创投的资助周期一般为0.5—1年，短期资助造成创投项目实质服务时间短，为了完成项目指标和应付项目的阶段评估，机构难以专注地投入服务，服务质量自然难以保障。除了我国财政的制度障碍，这也与目前政府"急于出成绩"的心理有关，实际上形成一种恶性的循环。

另外，地方政府发起的公益创投呈现分散化和碎片化的特征，表现为购买方的分散化以及购买资金的碎片化。究其原因，主要是佛山地区公益创投相关的政策规定还处于空白状态，缺乏对部门公益创投的统筹和整合机制，以至于多个政府部门自己玩自己的公益创投大赛，公益创投到处开花，产生同类型项目重复投入、不同区域间公共服务差异扩大、多头购买造成同一项目多层级多部门的反复评估与检查等现象。而政府部门发起公益创投活动对单个项目的资助额没有统一的标准,因此很多工青妇系统、镇街部门和社区层面主办的公益创投活动是"蜻蜓点水"（资金量很少）,部分镇街的公益创投已经变质为为了补充该镇街购买项目的"经费不足",用来补贴机构之用的工具。这些问题也导致社会组织忙于创新"项目"和"点子",不能专注于机构发展和服务本身,并且个别组织可能利用各部门公益创投的信息不对称而重复申报,客观上造成财政资金的低效率使用。

目前,我国南京、上海、宁波海曙区、深圳光明新区、广州市已出台了规范公益创投的政策文件,对公益创投的定义、资金来源、实施主体、资助对象和方式、资助范围、流程等进行规定。然而佛山市与公益创投相关的政策规定还处于空白状态。因此,政府应尽快制定公益创投的有关制度规范,一方面要保证财政资金的稳定投入,考虑将公益创投纳入政府常规预算之中,提高创投项目的可延续性。另一方面要对公益创投的资助对象、流程、最低资助金额、监管等进行具体规范。同时,要建立市级和区级公益创投大赛的信息整合平台,确保资讯畅通,避免重复投入和重复资助的现象。

三 公益创投评估标准不统一

目前佛山地区不同政府部门组织公益创投大赛都有各自的评估标准,缺乏统一的公益创投评估机制,实际上造成了公益创投评估标准的碎片化。这里有四个表现。第一,缺乏划一评估基准,亦即没有全市或全区性的、认可度较高的基准性评估标准,评估内容由大赛第三方评估单位或主办方自由制定,随意性高;第二,评估机构存在利益冲突,相当一部分机构既当裁判又当球员,在甲镇是 A 机构评 B 机构,换去了乙镇就是 B 机构来评 A 机构;第三,评估专家的资质参差不齐;第四,服务对象对绩效评估的参与度和占比分值(即评分权重)低。这些现象造成了公益创投的绩效评估整体上不尽如人意。另外,目前公益创投大赛的退出机制缺乏,基本是以项目资助期结束为退出节点,且由于不能保证下一年是否还有公益创投大赛或者保证继续资助优秀项目,绝大多数项目因缺乏后续的运作资源支持而强制结束。此外,许多公益创投大赛也很少对项目过程中的退出(机构自愿退出或强制退出)进行规范,即使进行规范,但由于各方面的原因不予执行,这导致公益创投项目的资源浪费。

因此,应该进一步建立健全公益创投项目绩效评估制度,完善评估标准的统筹和制定,引入专业评估机构和审计机构,保持第三方评估的客观中立性。此外,还要引入全面、科学的公众参与机制,在参与方式和方法上应该凸显公平、公正,在参与结果的处理上应该透明和公开,并且鼓励公众对公益创投项目的实施进行监督,重视服务对象的参与和监督权利。此外,政府还应明确公益创投项目评估结果与项目退出、项目延续之间的关系,制定明确的原则与标准。

四 公益创投须"去行政化"

目前佛山政府发起或推动的公益创投项目很多都是委托给社会组织或与社会组织共同开展,但政府的行政主导地位依然过于强势,社会组织的参与有限。各级政府举办的公益创投,其资源投入难免有一种倾向,即希望辖区内的行政区域和职能部门雨露均沾。这个出发点虽然很好,但现实中社会工作在不同区域和不同领域难免有一定的发展落差。追求雨露均沾的结果,便是公益创投大赛未必均能以项目质量来决定资源去向。笔者曾访谈参与佛山某区的公益创投大赛的评审专家,对方透露,佛山某区的公益创投大赛在项目筛选和评审过程中,第三方评审虽参与打分,但最终结果与评审打分不挂钩,由大赛主办方"闭门"内部协定,向外界宣布结果延迟了很多个工作日,存在"分猪肉"的嫌疑。在这种行政力量主导的公益创投大赛中,第三方机构的独立性和中立性不能得到保证,其公平与公正性也不可避免地会受到质疑。另外,公益创投项目的实施过程中,政府对项目和社会组织的支持不足,"委托-代理"的合同关系多于合作关系,这不利于政府与社会组织合作治理,共同提高服务质量和加强社会问题的有效治理。

因此,政府与社会组织合作的过程中要转变职能,对自身进行准确的定位。政府的主要职责不是具体的公共服务的提供,而是要在宏观管理方面发挥作用,如政策制定、指导落实与监管等。政府应该进行科学合理的角色定位,对社会组织充分信任,建立互信。社会组织应该保持自身的独立性和专业性,不断提升公共服务的质量,提高服务对象等的满意度和社会认同度,实现政府与社会组织双方的良性互动。在公益创投中,政府应该鼓励和支持第三方组织保持独立和中立的地位,提高社会组织的参与度,积极构建伙伴关系,借助第三方专业机构力量来实现公益创投的专业化、规范化运作,为公共服务这一共同利益分担责任,实现互利和共赢。

五 社会组织总体水平较低

佛山的公益创投大赛经历了4年的发展,扶持和培育了一批草根机构,然而总体上社会组织的水平还比较低,体现在力量弱小、专业人才不足、自律机制尚不健全、资金筹措能力不足等方面。社会组织参与公益创投的一个直接表现是,项目质量参差不齐,部分项目服务目标泛化、服务内容空洞,号称"专业服务",实则专业性不足；另一个表现是，机构缺乏自治自律精神，部分项目存在同一项目多处重复申报、浪费资源等行为，形成较为负面的影响。而随着政府发起的公益创投实践越来越多，政府部门自身的绩效考核要求也越来越严格，因此政府部门对公益创投的投入与产出之间的考量越来越谨慎，这对于社会组织自身能力和水平要求只会越来越高。

因此，社会组织在自身的组织治理、能力发展、资源筹集、信誉建设等方面都迫切需要加强和完善。社会组织应严格要求自己，确立清晰的组织使命和宗旨，加强组织能力建设，完善内部治理结构和运行机制，同时要重视组织的形象和公信力建设。社会组织应按照自身的使命和宗旨制定机构发展规划，专注于服务本身，避免盲目跟风和盲目创新。而参与公益创投的社会组织，应制订详细周到的服务计划，在实施期间注重投入与产出的成效，争取服务对象和购买方的好评，为项目延续争取更充分的理由。

社会组织的能力建设过程归根结底要依赖于人的活动，因此有关政府部门和社会组织自身要重点加强社工人才的管理和培训，完善社会服务人才薪酬保障和职业晋升渠道，为社会服务行业与社会组织持续化发展创造条件。

附录一
南海区社会工作情况一览表

一 镇街经费状况

表1 2016年南海区各镇街购买社会工作服务经费状况

序号	直接社会工作	间接社会工作	促进社会工作
1	大沥(1417.94万元)	里水(545.0371万元)	狮山(268.25万元)
2	桂城(699.363767万元)	西樵(527.3万元)	大沥(259.07万元)
3	狮山(486.72万元)	九江(224.89万元)	丹灶(107万元)
4	里水(414.5万元)	丹灶(168万元)	里水(100万元)
5	丹灶(309万元)	狮山(121.86万元)	桂城(95.5万元)
6	西樵(158.38万元)	桂城(105.14万元)	九江(66.7万元)
7	九江(148.33万元)	大沥(100万元)	西樵(0元)

资料来源：2016年南海区社会服务洽谈会。

二 南海区各镇街社工人力状况

（一）南海区各镇街社工人才情况一览表

表2 南海区及各镇街社工人才数量情况

序号	镇街	人数(人)	序号	镇街	人数(人)
1	桂城街道	121	6	里水镇	29
2	大沥镇	119	7	九江镇	21
3	西樵镇	76		南海区	80
4	狮山镇	75		资料缺失	125
5	丹灶镇	36		总计	682

注：数据均来源于2016年南海区社工机构调查所收集到的机构数据库资料，在填写过程中可能存在资料缺失等情况。

数据库中机构员工服务区域填写了南海区但没有标明在哪个镇街工作的人员，以及填写为跨区工作的，皆归类为南海区层面社工人才。下同。

表3 南海区及各镇街持证社工数量情况

序号	镇街	持证社工人数(人)	序号	镇街	持证社工人数(人)
1	桂城街道	73	6	九江镇	12
2	大沥镇	72	7	丹灶镇	10
3	狮山镇	37		南海区	50
4	西樵镇	27		无效数据	56
5	里水镇	18		总计	355

表4 南海区及各镇街持证社工占总人数百分比情况

序号	镇街	百分比(%)	序号	镇街	百分比(%)
1	里水镇	62.07	6	西樵镇	35.53
2	大沥镇	60.50	7	丹灶镇	27.78
3	桂城街道	60.33		南海区	62.50
4	九江镇	57.14		无效数据	44.80
5	狮山镇	49.33		总计	52.05

表5 南海区及各镇街拥有社工专业学历背景人才数量情况

序号	镇街	拥有社工专业学历背景人才人数(人)	序号	镇街	拥有社工专业学历背景人才人数(人)
1	大沥镇	58	6	九江镇	5
2	桂城街道	42	7	丹灶镇	4
3	狮山镇	22		南海区	29
4	西樵镇	8		无效数据	36
5	里水镇	5		总计	209

表6 南海区及各镇街拥有社工专业学历背景人才占总人数百分比情况

序号	镇街	百分比(%)	序号	镇街	百分比(%)
1	大沥镇	48.74	6	丹灶镇	11.11
2	桂城街道	34.71	7	西樵镇	10.53
3	狮山镇	29.33		南海区	36.25
4	九江镇	23.81		无效数据	28.80
5	里水镇	17.24		总计	30.65

表7 南海区及各镇街本科学历及以上社工人才数量情况

序号	镇街	本科及以上学历人数(人)	序号	镇街	本科及以上学历人数(人)
1	大沥镇	88	6	里水镇	19
2	桂城街道	84	7	九江镇	11
3	西樵镇	39		南海区	62
4	狮山镇	42		无效数据	86
5	丹灶镇	23		总计	454

表8 南海区及各镇街本科学历及以上社工人才占总人数百分比情况

序号	镇街	百分比(%)	序号	镇街	百分比(%)
1	大沥镇	73.95	6	九江镇	52.38
2	桂城街道	69.42	7	西樵镇	51.32
3	里水镇	65.52		南海区	77.50
4	丹灶镇	63.89		无效数据	68.80
5	狮山镇	56.00		总计	66.57

（二）南海区各镇街社工人才学历层次统计

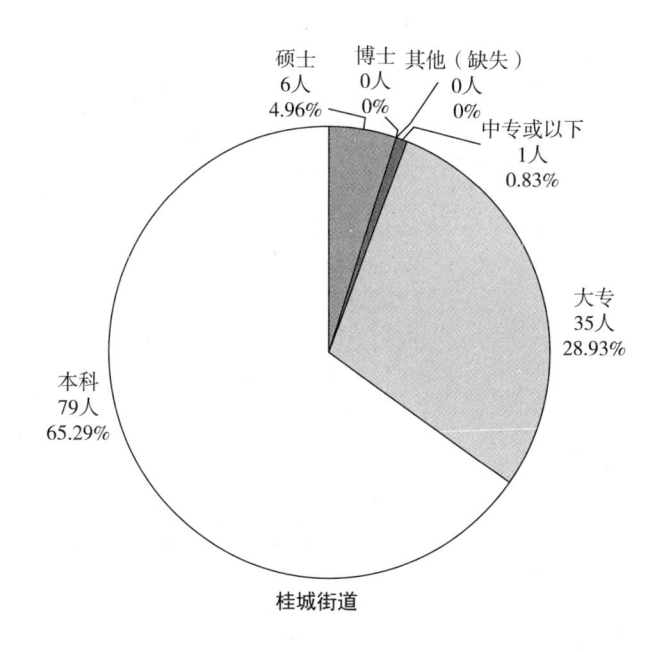

桂城街道

- 硕士 6人 4.96%
- 博士 0人 0%
- 其他（缺失）0人 0%
- 中专或以下 1人 0.83%
- 大专 35人 28.93%
- 本科 79人 65.29%

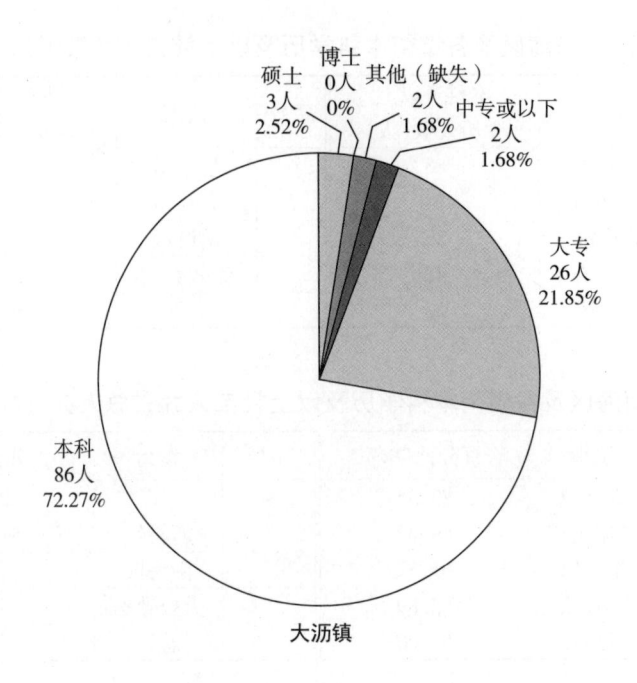

大沥镇学历分布：
- 硕士 3人 2.52%
- 博士 0人 0%
- 其他（缺失）2人 1.68%
- 中专或以下 2人 1.68%
- 大专 26人 21.85%
- 本科 86人 72.27%

大沥镇

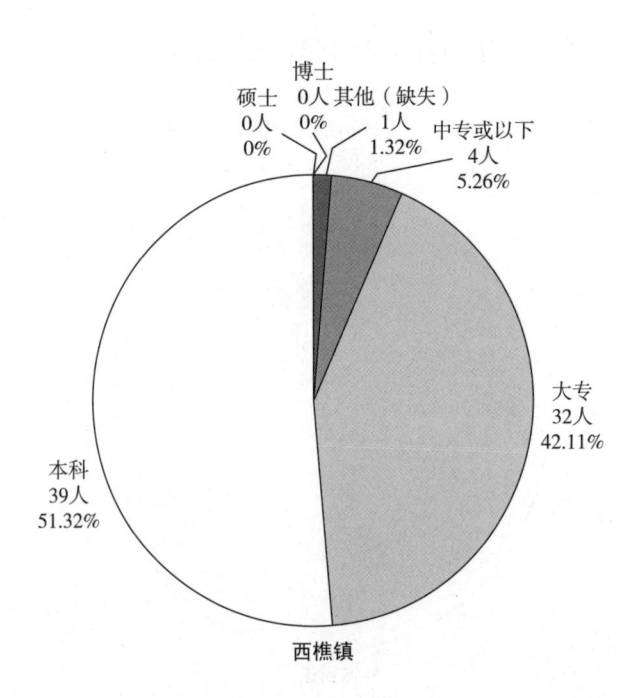

西樵镇学历分布：
- 硕士 0人 0%
- 博士 0人 0%
- 其他（缺失）1人 1.32%
- 中专或以下 4人 5.26%
- 大专 32人 42.11%
- 本科 39人 51.32%

西樵镇

附录一 南海区社会工作情况一览表

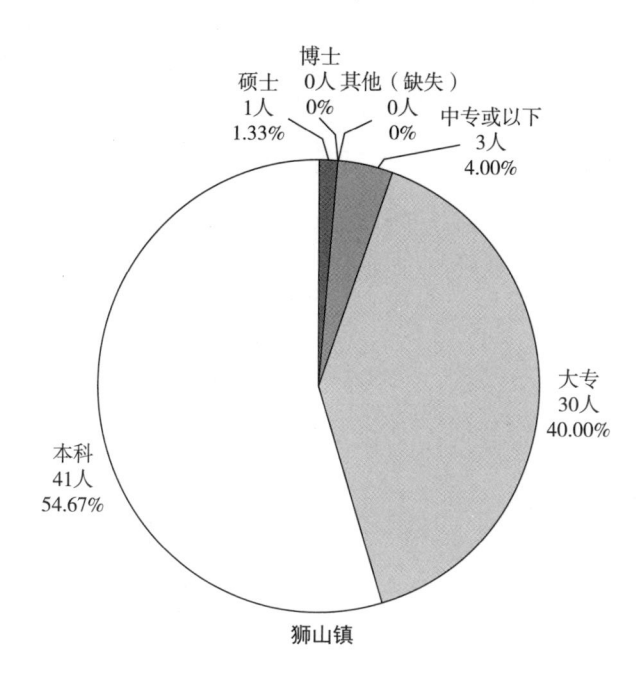

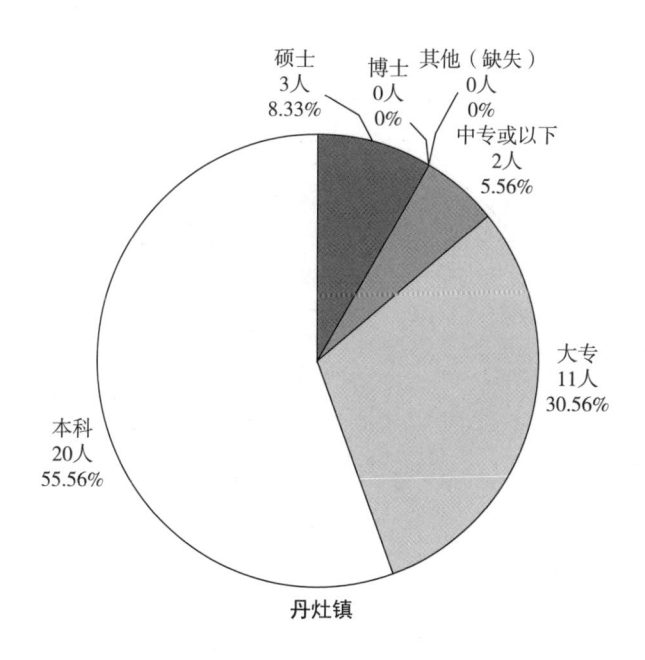

硕士 博士 其他（缺失）
1人 0人 0人
1.33% 0% 0%
中专或以下
3人
4.00%

大专
30人
40.00%

本科
41人
54.67%

狮山镇

硕士 博士 其他（缺失）
3人 0人 0人
8.33% 0% 0%
中专或以下
2人
5.56%

大专
11人
30.56%

本科
20人
55.56%

丹灶镇

143

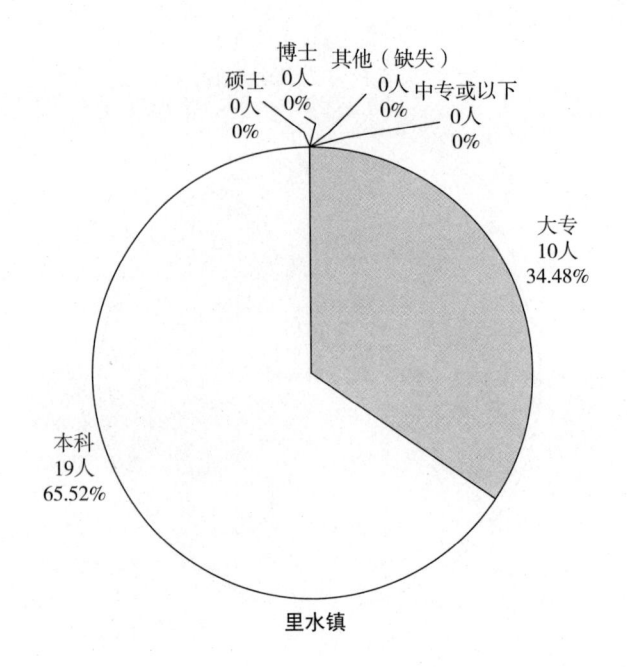

硕士 博士 其他（缺失）
0人 0人 0人 中专或以下
0% 0% 0% 0人
 0%

大专
10人
34.48%

本科
19人
65.52%

里水镇

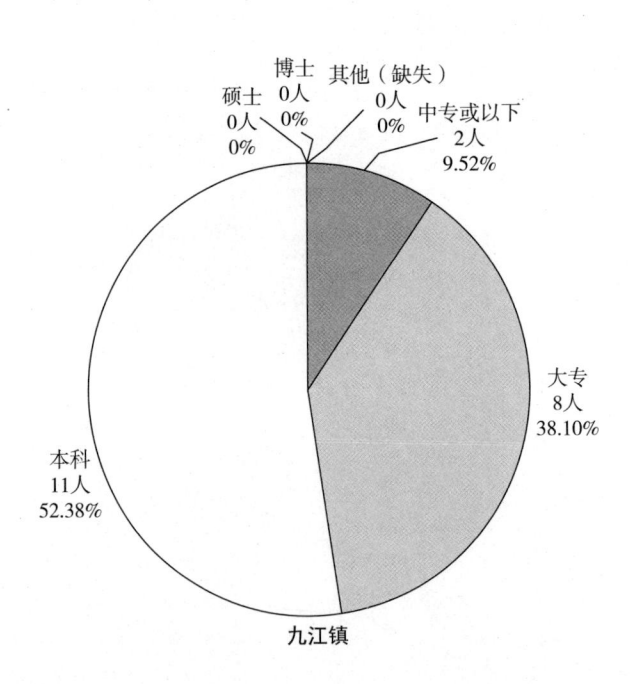

硕士 博士 其他（缺失）
0人 0人 0人 中专或以下
0% 0% 0% 2人
 9.52%

大专
8人
38.10%

本科
11人
52.38%

九江镇

附录一　南海区社会工作情况一览表

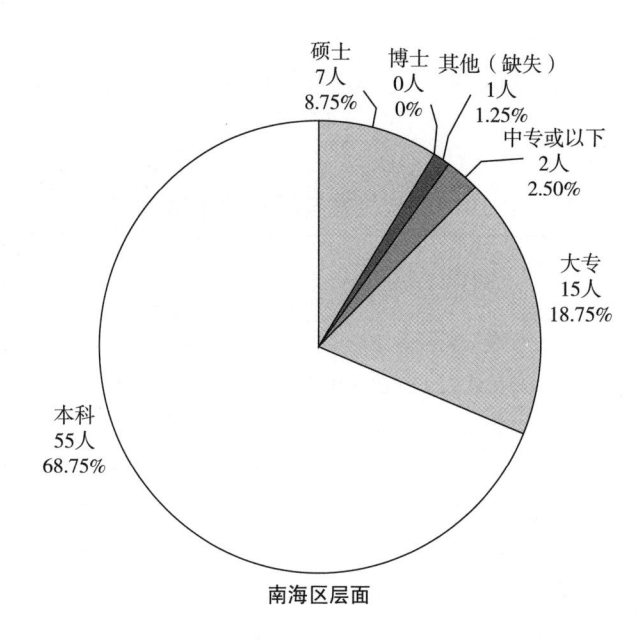

图1　各镇街社工人才学历层次

（南海区层面：本科55人68.75%，大专15人18.75%，硕士7人8.75%，中专或以下2人2.50%，其他（缺失）1人1.25%，博士0人0%）

三　南海区各镇街效益情况①

表9　2016年南海区各镇街效益情况

级别		投入金额(万元)	户籍人口(万人)	人均投入(元)
区级	合计	1782.91	126.52	14.09
镇街	桂城街道	900.00	24.80	36.29
	九江镇	439.92	10.57	41.62
	西樵镇	685.68	15.48	44.29
	丹灶镇	584.00	9.07	64.39
	狮山镇	876.83	28.29	30.99
	大沥镇	1777.01	25.23	70.43
	里水镇	1059.54	13.08	81.00
总计		8105.89	126.52	64.07

资料来源：2016年南海区社会服务洽谈会。

① 镇街效益＝镇街年度投入/户籍人数。

四　南海区机构经费与项目总量情况

表10　机构经费与项目总量情况

序号	机构名称	历年承接项目总数(个)	历年承接项目总金额(万元)
1	佛山市南海区春晖养老服务中心	19	1781.41
2	佛山市南海区安和社会工作服务中心	31	1248.49
3	佛山市南海区大众社会工作服务中心	14	1045.47
4	佛山市南海区启创社会工作服务中心	22	1027.02
5	佛山市博睿社会工作服务中心	13	835.73
6	佛山市希望社工服务中心	7	641.00
7	佛山市南海区扬帆社会工作服务中心	24	577.48
8	广州市成长动力社会工作专业发展与资源中心	11	422.94
9	佛山市南海区飞鸿社会工作服务中心	18	421.38
10	广州市北达博雅社会工作资源中心	7	406.50
11	佛山市南海区北斗星社会工作服务中心	1	300.00
12	广州市北斗星社会工作服务中心	1	300.00
13	佛山市春晖社会工作服务中心	12	297.18
14	佛山市联创社会工作服务中心	14	293.12
15	佛山市南海区三一社会工作服务中心	9	274.90
16	广州市新家园社会工作服务中心	4	260.00
17	佛山市南海区启沅社会工作服务中心	24	228.86
18	佛山市南海区桂城关爱青少年协会	6	228.13
19	东莞市鹏星社会工作服务社	5	225.94
20	佛山市南海区社会工作协会	27	221.92
21	佛山市晴天社会工作服务中心	12	210.79
22	佛山市福康社会工作服务中心	7	202.00
23	佛山市南海区博雅社会工作服务中心	9	187.40
24	佛山市南海区乐众社会工作服务中心	17	183.00
25	广州阳光社会工作事务中心	4	180.00
26	佛山市清流社会工作服务中心	15	163.89

附录一 南海区社会工作情况一览表

续表

序号	机构名称	历年承接项目总数(个)	历年承接项目总金额(万元)
27	佛山市启智社会工作服务中心	12	160.39
28	佛山市南海区启正社会工作服务中心	10	152.90
29	佛山市阳光心态心理咨询服务中心	8	141.40
30	佛山市大同社会工作服务中心	7	138.56
31	佛山市南海区阳光家庭综合服务中心	10	136.26
32	佛山市鸿鸣社会工作服务中心	7	130.04
33	佛山市北达博雅社会工作服务中心	11	129.53
34	广州市风向标社会工作服务中心	1	120.00
35	佛山市南海区丹灶创为社会工作服务中心	8	111.62
36	佛山市南海区明德社会工作服务中心	8	110.32
37	佛山市南海区星儿特殊教育培训中心	7	110.05
38	佛山市惠心社会工作服务中心	10	109.10
39	佛山市南海区社创非营利组织发展中心	9	94.07
40	佛山市南海区微光社会工作服务社	8	92.70
41	佛山市南海区盈宇社会工作服务中心	4	79.52
42	佛山市红星社会工作服务中心	15	65.02
43	广州市白云恒福社会工作服务社	1	60.80
44	深圳市温馨社工服务中心	1	60.00
45	里水社会服务研发与评估中心	1	53.07
46	佛山市南海区樵讲团社会工作服务中心	12	50.71
47	佛山市南海区心海榕社会工作服务中心	5	48.61
48	佛山市穗星社会工作服务中心	2	44.92
49	佛山市南海区红棉社会工作服务中心	3	39.20
50	广州市穗协社会工作资源中心	4	34.62
51	佛山市南海区乐善九江社会工作服务中心	4	33.95
52	佛山市南海区山风社会工作服务中心	6	30.82
53	佛山市南海区里水街坊会	1	30.00
54	佛山市南海区创意仓社会工作发展中心	4	26.71
55	佛山市南海区益源社会工作服务中心	3	21.68
56	佛山市仁德社会工作服务中心	2	20.00

续表

序号	机构名称	历年承接项目总数(个)	历年承接项目总金额(万元)
57	佛山市南海区方位社会工作服务中心	1	11.00
58	佛山市南海区向日葵社会工作服务中心	1	10.00
59	广东省百川慈善基金会	1	9.97
60	佛山市南海区社会工作学者与学生联会	1	9.40
61	佛山市南海区好友营支持教育志愿者协会	1	5.04
62	佛山市南海区乐管家社会工作服务中心	1	3.00
63	佛山市南海区鹏星社会工作服务社	0	0.00
64	佛山市南海区欣童社会工作服务中心	0	0.00
65	佛山市南海区颐康社会工作服务中心	0	0.00
66	佛山市南海区康爱社会工作服务中心	0	0.00
67	佛山市南海区行愿社会工作服务中心	0	0.00
68	佛山市南海区青苹果社会工作服务中心	0	0.00
69	佛山市南海区慧旭社会工作服务中心	0	0.00
70	佛山市南海区里水社会服务联会	0	0.00
71	佛山市南海区东方康瑞社会工作服务中心	0	0.00
72	东莞恩派非营利组织发展中心	—	—
73	佛山市南海区笨笨社会工作服务中心	—	—
74	佛山市南海区育苗社会工作服务中心	—	—
75	佛山市南海区网益家园社会工作服务中心	—	—
76	佛山市南海区社会服务联会	—	—

注：上表中机构历年承接项目的统计口径为各机构成立之时至2015年12月31日前承接的服务范围为南海区的社工类项目，不予统计在内的项目包括：服务地点不在南海区；服务人群不涵盖南海区市民；提供服务与社工无关的项目。上表以数据完整的样本为有效统计样本，项目时间缺失、项目总金额缺失或无法统计的样本为无效样本，不计入内。

例如，项目金额无效样本1：2014年3月1日至2017年2月28日南海区启沅社工中心承接的佛山市南海区西樵镇爱心工场服务采购项目金额以每人每年1235元计算，缺乏项目总金额数，为无效样本，不纳入本次统计。

项目金额无效样本2：2014年7月15日至2015年12月30日佛山市红星社工中心承接的"互助互勉"佛山市脑瘫儿童家属资源中心社工服务项目承接金额按需计算，为无效样本，不纳入本次统计。

项目金额无效样本3：2014年12月1日至2017年11月30日佛山市红星社工中心承接的丹灶镇爱心工场项目金额按每人每月1300元计算，缺乏项目总金额数，为无效样本，不纳入本次统计。

五　机构人力资源情况（前十）

表 11　南海区社工服务机构员工数量情况

序号	机构名称	总员工数（人）
1	佛山市春晖社会工作服务中心	38
2	佛山市南海区大众社会工作服务中心	37
3	佛山市南海区飞鸿社会工作服务中心	35
4	佛山市南海区启沅社会工作服务中心	34
5	佛山市博睿社会工作服务中心	34
6	佛山市南海区安和社会工作服务中心	27
7	佛山市南海区启创社会工作服务中心	27
8	广州市成长动力社会工作专业发展与资源中心	27
9	佛山市南海区阳光家庭综合服务中心	25
10	广州市北达博雅社会工作资源中心	21

表 12　南海区社工服务机构拥有社工专业学历背景人数情况

序号	机构名称	拥有社工专业学历背景人数（人）
1	广州市成长动力社会工作专业发展与资源中心	23
2	佛山市南海区大众社会工作服务中心	21
3	佛山市南海区启创社会工作服务中心	14
4	佛山市春晖社会工作服务中心	12
5	佛山市南海区扬帆社会工作服务中心	11
6	佛山市福康社会工作服务中心	9
7	广州阳光社会工作事务中心	8
8	广州市北达博雅社会工作资源中心	7
9	佛山市南海区阳光家庭综合服务中心	7
10	东莞市鹏星社会工作服务社	6
11	佛山市南海区三一社会工作服务中心	6
12	佛山市南海区乐众社会工作服务中心	6

表13　南海区社工服务机构持证社工人数情况

序号	机构名称	持证社工数(人)
1	佛山市南海区大众社会工作服务中心	26
2	佛山市春晖社会工作服务中心	25
3	广州市成长动力社会工作专业发展与资源中心	20
4	佛山市博睿社会工作服务中心	19
5	广州市北达博雅社会工作资源中心	17
6	佛山市南海区扬帆社会工作服务中心	17
7	佛山市南海区启创社会工作服务中心	17
8	佛山市南海区阳光家庭综合服务中心	15
9	佛山市南海区启沅社会工作服务中心	12
10	佛山市南海区飞鸿社会工作服务中心	10
11	佛山市南海区启正社会工作服务中心	10

表14　南海区社工服务机构本科及以上学历社工人才数量情况

序号	机构名称	本科及以上学历社工人数(人)
1	佛山市南海区大众社会工作服务中心	33
2	佛山市博睿社会工作服务中心	25
3	广州市成长动力社会工作专业发展与资源中心	24
4	佛山市春晖社会工作服务中心	22
5	佛山市南海区启创社会工作服务中心	22
6	佛山市南海区启沅社会工作服务中心	20
7	广州市北达博雅社会工作资源中心	20
8	佛山市南海区安和社会工作服务中心	16
9	佛山市南海区阳光家庭综合服务中心	16
10	佛山市南海区飞鸿社会工作服务中心	14
11	东莞市鹏星社会工作服务社	14

六 机构效益情况统计

附录一 南海区社会工作情况一览表

表15 机构效益一览

序号	机构名称	历年承接项目总数（个）	历年承接项目总金额（万元）	历年平均项目金额（万元）	2015年至2016年承接项目数量（个）	2015年至2016年承接项目总金额（万元）	2015年至2016年平均项目金额（万元）
1	佛山市南海区丹灶创为社会工作服务中心	8	111.62	13.95	4	40.96	10.24
2	佛山市鸿鸣社会工作服务中心	7	130.04	18.58	3	18.00	6.00
3	东莞市鹏星社会工作服务社	5	225.94	45.19	5	225.94	45.19
4	佛山市穗星社会工作服务社	2	44.92	22.46	1	24.95	24.95
5	佛山市南海区扬帆社会工作服务中心	24	577.48	24.06	5	155.00	31.00
6	广东省百川慈善基金会	1	9.97	9.97	1	9.97	9.97
7	佛山市南海区三一社会工作服务中心	9	274.90	30.54	8	175.00	21.88
8	佛山市希望社工服务中心	7	641.00	91.57	6	175.33	29.22
9	佛山市阳光心志心理咨询服务中心	8	141.40	17.68	1	2.60	2.60
10	佛山市南海区启创社会工作服务中心	22	1027.02	46.68	9	256.98	28.55
11	佛山市南海区好友营支持教育志愿者协会	1	5.04	5.04	1	5.03	5.03
12	佛山市南海区桂城关爱青少年协会	6	228.13	38.02	1	30.00	30.00

续表

序号	机构名称	历年承接项目数（个）	历年承接项目总金额（万元）	历年平均项目金额（万元）	2015年至2016年承接项目数量（个）	2015年至2016年承接项目总金额（万元）	2015年至2016年平均项目金额（万元）
13	佛山市南海区山风社会工作服务中心	6	30.82	5.14	5	22.26	4.45
14	佛山市南海区乐善九江社会工作服务中心	4	33.95	8.49	1	6.00	6.00
15	佛山市南海区红棉社会工作服务中心	3	39.20	13.07	2	26.60	13.30
16	佛山市南海区大同社会工作服务中心	7	138.56	19.79	4	63.56	15.89
17	佛山市南海区晴天社会工作服务中心	12	210.79	17.57	5	72.23	14.45
18	佛山市南海区博雅社会工作服务中心	9	187.40	20.82	9	187.40	20.82
19	佛山市南海区启沅社会工作服务中心	24	228.86	9.54	24	208.50	8.69
20	佛山市南海区飞鸿社会工作服务中心	18	421.38	23.41	12	211.50	17.63
21	佛山市南海区樵讲团社会工作服务中心	12	50.71	4.23	5	29.12	5.82
22	佛山市南海区星儿特殊教育培训中心	7	110.05	15.72	0	0.00	0.00
23	佛山市南海区博睿社会工作服务中心	13	835.73	64.29	6	147.86	24.64
24	广州市北达博雅社会工作资源中心	7	406.50	58.07	0	0.00	0.00
25	佛山市南海区红星社会工作服务中心	15	65.02	4.33	8	57.82	7.23
26	佛山市南海区惠心社会工作服务中心	10	109.10	10.91	8	58.60	7.33

附录一 南海区社会工作情况一览表

续表

序号	机构名称	历年承接项目总数（个）	历年承接项目总金额（万元）	历年平均项目金额（万元）	2015年至2016年承接项目数量（个）	2015年至2016年承接项目总金额（万元）	2015年至2016年平均项目金额（万元）
27	佛山市南海区社创非营利组织发展中心	9	94.07	10.45	9	91.80	10.20
28	佛山市南海区社会工作学者与学生联会	1	9.40	9.40	1	9.40	9.40
29	佛山市南海区社会工作协会	27	221.92	8.22	5	73.06	14.61
30	佛山市南海区乐众社会工作服务中心	17	183.00	10.76	6	80.00	13.33
31	佛山市北达博雅社会工作服务中心	11	129.53	11.78	10	122.53	12.25
32	佛山市南海区微光社会工作服务社	8	92.70	11.59	6	55.70	9.28
33	佛山市南海区清流社会工作服务中心	15	163.89	10.93	7	80.47	11.50
34	佛山市启智社会工作服务中心	12	160.39	13.37	9	95.39	10.60
35	广州市白云恒福社会工作服务社	1	60.80	60.80	1	60.80	60.80
36	广州市成长动力社会工作专业发展与资源中心	11	422.94	38.45	3	38.75	12.92
37	佛山市南海区大众社会工作服务中心	14	1045.47	74.68	8	274.44	34.30
38	佛山市南海区安和社会工作服务中心	31	1248.49	40.27	9	299.37	33.26
39	佛山市春晖社会工作服务中心	12	297.18	24.77	18	488.89	27.16

续表

序号	机构名称	历年承接项目总数（个）	历年承接项目总金额（万元）	历年平均项目金额（万元）	2015年至2016年承接项目数量（个）	2015年至2016年承接项目总金额（万元）	2015年至2016年平均项目金额（万元）
40	佛山市福康社会工作服务中心	7	202.00	28.86	0	0.00	0.00
41	广州阳光社会工作事务中心	4	180.00	45.00	3	180.00	60.00
42	佛山市南海区阳光家庭综合服务中心	10	136.26	13.63	6	65.46	10.91
43	佛山市南海区启正社会工作服务中心	10	152.90	15.29	10	110.50	11.05
44	佛山市南海区创意仓社会工作发展中心	4	26.71	6.68	3	24.38	8.13
45	广州风向标社会工作服务中心	1	120.00	120.00	1	40.00	40.00
46	佛山市南海区北斗星社会工作服务中心	1	300.00	300.00	2	200.00	100.00
47	佛山市南海区春晖养老服务中心	19	1781.41	93.76	7	304.20	43.46
48	广州市北斗星社会工作服务中心	1	300.00	300.00	2	200.00	100.00
49	广州市新家园社会工作服务中心	4	260.00	65.00	4	151.00	37.75
50	佛山市南海里水街坊会	1	30.00	30.00	0	0.00	0.00
51	佛山市仁德社会工作服务中心	2	20.00	10.00	0	0.00	0.00
52	里水社会服务研发与评估中心	1	53.07	53.07	0	0.00	0.00

附录一 南海区社会工作情况一览表

续表

序号	机构名称	历年承接项目总数（个）	历年承接项目总金额（万元）	历年平均项目金额（万元）	2015年至2016年承接项目数量（个）	2015年至2016年承接项目总金额（万元）	2015年至2016年平均项目金额（万元）
53	佛山市南海区心海榕社会工作服务中心	5	48.61	9.72	2	9.15	4.58
54	佛山市南海区方位社会工作服务中心	1	11.00	11.00	1	11.00	11.00
55	佛山市南海区益源社会工作服务中心	3	21.68	7.23	3	21.68	7.23
56	佛山市南海区盈宇社会工作服务中心	4	79.52	19.88	4	79.52	19.88
57	广州市穗协社会工作资源中心	4	34.62	8.66	3	15.12	5.04
58	佛山市南海区乐管家社会工作服务中心	1	3.00	3.00	1	3.00	3.00
59	佛山市南海区向日葵社会工作服务中心	1	10.00	10.00	1	10.00	10.00
60	深圳市温馨社工服务中心	1	60.00	60.00	2	60.00	30.00
61	佛山市南海区明德社会工作服务中心	8	110.32	13.79	1	19.80	19.80
62	佛山市联创社会工作服务中心	14	293.12	20.94	9	199.55	22.17

注：1. 本表中机构历年承接项目的统计口径与表10相同；2. 本表中有效样本标准与表10相同；3. 本表中2015年至2016年的承接项目是指项目开展时间包含2015年1月1日到2016年12月31日期间的项目。2015年至2016年承接项目总金额是根据项目总金额/年来计算项目在2015年至2016年的平均金额。

附录二
南海区推动社会组织发展的政策文件汇总

涉及领域	序号	文件名称	文件内容	发布时间
社会工作队伍建设	1	《关于建设南海区"社工+义工"联动体系的意见》（南办发〔2011〕65号）	明确总体要求、核心内容和创新联动模式等内容	2011年7月25日
	2	《关于印发〈南海区"社工+义工"人才队伍教育培训办法〉等四个文件的通知》（南社部〔2011〕10号）	含《南海区"社工+义工"人才队伍教育培训办法（试行）》、《南海区社会工作专业岗位设置办法（试行）》、《南海区义务工作者（志愿者）管理细则（试行）》、《南海区义工（志愿者）组织管理实施细则（试行）》	2011年12月1日
	3	《关于印发〈南海区社会工作人才专业技术职位设置及薪酬待遇指导办法（试行）〉的通知》（南社部〔2011〕11号）	对适用范围、职位设置原则、职位名称、等级及设置范围、职位结构比例、聘用条件、晋升条件、条件认定和审核、薪酬待遇进行说明	2011年12月7日
	4	《关于印发〈南海区支持"社工+义工"联动发展实施办法（试行）〉、〈南海区发挥公益服务类社会组织在"社工+义工"联动中作用的实施办法（试行）〉的通知》（南办发〔2011〕115号）	明确财政支持"社工+义工"联动发展的范围、方式，建立财政支持"社工+义工"联动发展的制度，确保财政支持"社工+义工"联动发展的科学和有效发展	2011年12月15日

附录二 南海区推动社会组织发展的政策文件汇总

续表

涉及领域	序号	文件名称	文件内容	发布时间
社会工作队伍建设	5	《佛山市南海区人民政府办公室关于印发加快推进社会工作人才队伍建设实施意见的通知》（南府办〔2015〕29号）	明确指导思想、基本原则和主要目标，推动专业化、职业化，人才评价和激励机制，保障机制	2015年8月10日
	6	《佛山市南海区人民政府关于印发佛山市南海区社会工作人才扶持奖励办法的通知》（南府办〔2015〕48号）	对社会工作人才进行一次性扶持奖励，对实习学生进行补贴，对本土机构进行扶持和奖励，对培育和实训基地进行扶持和奖励等	2015年11月4日
	7	《佛山市南海区民政局关于印发〈佛山市南海区民政局社会工作人才扶持奖励办法实施细则〉的通知》（南民〔2016〕38号）	进一步明确扶持奖励细则	2016年7月1日
政府购买社会组织服务规范管理	1	《关于印发〈佛山市南海区人民政府购买社会组织服务办法〉的通知》（南府办〔2011〕132号）	已被〈南府办〔2013〕32号〉替代	2011年7月25日
	2	《佛山市南海区人民政府办公室关于〈印发佛山市南海区政府向社会组织购买服务实施办法〉的通知》（南府办〔2013〕32号）	明确指导思想、基本原则，购买主体、购买范围，购买服务目录、供应方条件、程序与方式，资金来源及支付，组织保障等内容	2013年3月25日
创新基层治理	1	《中共佛山市南海区委员会佛山市南海区人民政府关于深化农村体制综合改革任务的若干意见》（南发〔2011〕2号）	对指导思想、改革目标、改革任务、基本原则、主要政策、保障措施进行了说明	2011年1月20日
	2	《中共佛山市南海区委员会佛山市南海区人民政府关于加强和创新基层社会管理工作的意见》（南发〔2011〕13号）	明确要创新体制机制，构建社会管理载体，创新服务机制，完善服务体系，加强领导和明确责任等内容	2011年5月
	3	《佛山市南海区加强和健全社区服务中心建设实施办法》（南府办〔2011〕130号）	明确建设的工作内容，硬件设施建设，队伍建设，加大经费投入等	2011年7月25日

续表

涉及领域	序号	文件名称	文件内容	发布时间
创新基层治理	4	《佛山市南海区人民政府关于印发佛山市南海区社会建设创新奖励专项资金管理办法(试行)的通知》(南府〔2013〕112号)	对创新奖励资金管理进行规范管理	2013年
	5	《南海区社会建设创新奖励专项资金使用管理细则》	对项目执行要求、项目管理、审计和报告、资金使用管理、宣传总结、项目整改等进行说明	2015年4月
社会组织登记管理	1	《佛山市南海区人民政府办公室关于印发〈佛山市南海区社会组织评估管理暂行办法〉的通知》(南府办〔2013〕168号)	明确奖励来源、奖励对象、资金用途、提交的材料等内容	2013年9月9日
	2	《关于印发〈佛山市南海区社会组织信用信息管理暂行办法〉的通知》(南民〔2014〕4号)	附件《佛山市南海区社会组织失信行为记录标准(试行)》,目的是构建社会组织综合监管体系,推进社会组织自律与诚信建设	2014年1月8日
	3	《关于印发〈佛山市南海区民政局关于社区社会组织登记管理的暂行办法〉的通知》(南民〔2010〕37号)	对社区社会组织定义,明确登记、变更和注销的基本程序等内容	2010年6月28日
资金扶持	1	《中共佛山市南海区委办公室 佛山市南海区人民政府办公室印发〈关于进一步培育和扶持社区社会组织的实施办法〉的通知》(南办发〔2011〕63号)	提出总体要求、目标任务、工作重点,要求加强政策和资金扶持、创新运作机制等	2011年7月25日
	2	《关于印发〈佛山市南海区民政局社会组织财政补贴的实施细则〉的通知》(南民〔2012〕29号)	对公益服务类社区社会组织实施专项补贴,明确补贴对象、申报程序等内容	2012年4月26日

附录二 南海区推动社会组织发展的政策文件汇总

续表

涉及领域	序号	文件名称	文件内容	发布时间
资金扶持	3	《关于印发〈2015年南海区示范性社区社会组织和优秀社区社会组织服务项目评比奖励实施方案〉的通知》(南民〔2015〕43号)	对社区社会组织和社区服务项目进行评比	2015年9月22日
	4	《关于印发〈2016年南海区示范性社区社会组织和优秀社区社会组织服务项目评比奖励实施方案〉的通知》(南民〔2016〕33号)	对社区社会组织和社区服务项目进行评比	2016年8月29日
	5	《佛山市南海区民政局关于印发南海区社会组织具备承接政府职能转移和购买服务资质名录(第六批)的通知》(南民〔2016〕10号)	附件含第一至第六批名单	2016年3月8日

资料来源：佛山市区两级政府部门网站。

附录三
南海区公益创投实践汇总表（2012—2015）

主办部门	承办单位	第三方单位	年度	总资产量（万元）	大赛名称
南海区区政府	南海区民政局、南海区慈善会	佛山市南海区社创非营利组织发展中心、东莞恩派非营利组织发展中心	2014	250（南海区出资150万元，南海慈善会出资100万元）	"益动全城　家·南海"公益慈善创意汇
南海区区政府	南海区民政局、南海区慈善会	佛山市南海区社创非营利组织发展中心、东莞恩派非营利组织发展中心	2015	350（区政府出资230万元，南海区慈善会出资100万元）	"益动全城　家·南海"公益慈善创意汇
南海区区委、区政府	南海区社会工作委员会	南海区社会服务联会	2012	200	南海区社会建设创新奖励专项资金奖励项目
南海区区委、区政府	南海区社会工作委员会	南海区社会服务联会	2013	400	南海区社会建设创新奖励专项资金奖励项目
南海区区委、区政府	南海区社会工作委员会	南海区社会服务联会	2014	200	南海区社会建设创新奖励专项资金奖励项目
"家·南海"建设委员会	南海区社会工作委员会	广东济德文化公益服务中心、南海区社会服务联会	2014	300	家·南海"社会"1+1创新大赛
南海区区委、区政府	南海区社会工作委员会	南海区社会服务联会	2015	460	家·南海"社会"创新大赛

附录三　南海区公益创投实践汇总表(2012—2015)

续表

主办部门	承办单位	第三方单位	年度	总资产量(万元)	大赛名称
南海区总工会			2013	69	南海区总工会"家FUN"工会事业发展资金项目
			2014	145.131	南海区总工会"家FUN"工会事业发展资金项目
			2015	127	南海区总工会"家FUN"工会事业发展资金项目
南海区团区委	区义工联		2013	47.6276(慈善会出资19万,区财政约出资28.5万)	"公益蓝海"——南海义工(志愿)服务品牌项目
			2014	39.5	南海区志愿服务项目扶持
			2015	20	南海区优秀志愿服务项目扶持
南海区妇联	南海区女企业家协会、南海区社会服务联会、南海区慈善会		2015	10	首届南海妇儿家庭创新公益项目大赛

续表

主办部门	承办单位	第三方单位	年度	总资产量(万元)	大赛名称
南海区慈善会	南海区社会服务联会		2015	35.4092	南海慈善项目众筹大赛
西樵镇社会工作委员会		广东省千禾社区公益基金会	2013	193	至善基金2013年度竞争性社会服务项目(第一期、第二期)
			2013		至善基金2013年度资助性社会服务项目(第一期、第二期)
			2014	288.3	至善基金2014年度竞争性社会服务项目
			2014		至善基金2014年度资助性社会服务项目
			2015	270.3	至善基金2015年度竞争性社会服务项目
			2015		至善基金2015年度资助性社会服务项目

附录三 南海区公益创投实践汇总表（2012—2015）

续表

主办部门	承办单位	第三方单位	年度	总资产量（万元）	大赛名称
丹灶镇社会工作委员会	有为丹灶创益中心		2014	60	丹灶镇优秀社会服务项目评选
			2015	72.5	2015年丹灶镇有为基金本土社会组织优秀社会项目资助计划（每年两期）
里水镇社工委	梦里水乡创益中心		2015	2.72	2015年度"梦里水乡"公益梦想汇
狮山镇政府	树本狮山创益中心		2014	10	狮山树本产业家园第一期小额公益创投活动
狮山镇社会工作委员会、狮山镇总工会	树本狮山创益中心		2015	100	益动狮城·狮山镇首届公益创投活动
狮山镇总工会、狮山镇社会工作委员会	狮山树本产业家园、广州市北达博雅社会工作资源中心		2014	50	"企业职工社团发展"创投活动
大沥镇社会工作局	大沥镇财政局		2012	23	大沥镇街坊会竞争性分配活动

续表

主办部门	承办单位	第三方单位	年度	总资产量（万元）	大赛名称
大沥镇社会工作局	大沥镇财政局		2013	27.6	大沥镇街坊会竞争性分配活动
大沥镇社会工作委员会	大沥镇社会工作局，大沥镇社会管理处社会工作办、大沥镇宣传文体办	佛山市南海区乐众社会工作服务中心	2014	50	大沥镇公益微创投活动
			2015	50	大沥镇公益微创投活动
大沥镇东区社会管理处社会工作办、黄岐龙母文化协会	大沥镇东区公益创投基金		2014	26（民间出资）	大沥镇东区社组公益创投
大沥镇东区社会管理处社会工作办、黄岐龙母文化协会	大沥镇东区公益创投基金		2015	36.8（民间出资）	大沥镇东区社组公益创投
大沥社工委、汇丰银行（中国）有限公司	中社区基金		2015	30（汇丰和大沥镇政府各投入一半）	大沥镇社区伙伴计划

注：课题组根据政府职能部门的公开资料和相关新闻报道整理汇总。

附录四

佛山市公益创投投入情况（2012—2015）

年份 项目 地区	2012 总投入（万元）	2012 政府投入（万元）	2012 政府投入比例(%)	2013 总投入（万元）	2013 政府投入（万元）	2013 政府投入比例(%)	2014 总投入（万元）	2014 政府投入（万元）	2014 政府投入比例(%)	2015 总投入（万元）	2015 政府投入（万元）	2015 政府投入比例(%)
佛山市	165	0	0	415	120	28.92	827	532	64.33	1255	700	55.78
禅城区	2.81	0	0	100.8	85	84.33	115	100	86.96	90	80	88.89
南海区	223	223	100	737.23	718.1	97.41	1392.93	1142.93	82.05	1564.73	1357.52	86.76
顺德区	500	500	100	4.8	4.8	100.00	650.8	474	72.83	714	267	37.39
三水区	0	0	0	0	0	0	0	0	0	67.2	0	0.00
高明区	0	0	0	0	0	0	0	0	0	3	3	100.00
总计	890.81	723	81.16	1257.83	927.9	73.77	2985.73	2248.93	75.32	3693.93	2407.52	65.18

注：表中数据由课题组根据政府职能部门的公开资料以及相关新闻报道整理汇总。为了区分政府财政资金和其他来源的资金，本报告将慈善基金、社会捐助、个人资助等资源来源排除，政府投入只计算财政安排投入。

参考文献

一 中文文献

[1] 本书编写组:《中共中央关于全面深化改革若干问题的决定辅导读本》,人民出版社,2013。

[2] 蔡琦海:《公益创投:培育非营利组织的新模式——以"上海社区公益创投大赛"为例》,《中国非营利评论》,2011年第7卷。

[3] 陈伟东:《赋权社区:居民自治的一种可行性路径——以湖北省公益创投大赛为个案》,《社会科学家》,2015年第6期。

[4] 崔光胜、耿静:《公益创投:政府购买社会服务的新载体——以湖北省公益创投实践为例》,《湖北社会科学》,2015年第1期。

[5] 范明林、张钟汝:《老年社会工作》,上海大学出版社,2005。

[6] 傅金鹏:《社会组织提供公共服务的问责工具分析——以地方公益创投为例》,《中国行政管理》,2013年第10期。

[7] 〔美〕盖伊·彼得斯:《政府未来的治理模式》,吴爱明、夏宏图译,中国人民大学出版社,2001。

[8] 敬乂嘉:《从购买服务到合作治理——政社合作的形态与发展》,《中国行政管理》,2014年第7期。

[9] Leonora Bucklan、Lisa Hehenberger、Michael Hay、吕蓉:《欧洲公益创投渐入佳境》,《中国社会组织》,2015年第12期。

[10] 李健、唐娟：《政府参与公益创投：模式、机制与政策》，《公共管理与政策评论》，2014年第1期。

[11] 李松：《公益创投项目可持续发展研究——以苏州市第二届公益创投"金种子"项目为例》，《经济研究导刊》，2015年第7期。

[12] 李学会：《公益创投：政府购买社会组织公共服务的实践与探索》，《社会工作》，2013年第3期。

[13] 刘宸：《行政主导下的公益创投：实践观察与理论思考——以南京市为例》，硕士学位论文，南京师范大学，2015。

[14] 刘新玲、吴丛珊：《公益创投的含义、性质与构成要素》，《福建行政学院学报》，2011年第4期。

[15] 刘志阳、邱舒敏：《公益创业投资的发展与运行：欧洲实践及中国启示》，《经济社会体制比较》，2014年第2期。

[16] 芦苇、林琼：《社会组织培育中公益创投资源配置扭曲的矫正——基于江西的分析》，《中国市场》，2014年第46期。

[17] 吕纳：《公益创投的本土实践分析》，《价值工程》，2012年第24期。

[18] 吕双慧：《杭州市公益创投模式的优化分析》，《商》，2015年第33期。

[19] 罗伯·约翰、顾冀梅：《高度参与的慈善：公益风险投资在欧洲的发展》，《经济社会体制比较》，2010年第4期。

[20] 马蕾、邓敏、盛夏：《公益创投与地方政府社会管理创新——以昆山为例》，《南京理工大学学报》（社会科学版），2016年第1期。

[21] 马里奥·莫尼罗：《美国公益风险投资运行概述》，吴梅摘译，《经济社会体制比较》，2010年第4期。

［22］梅陈玉婵、齐铱、徐永德：《二十一世纪老年社会工作》，香港大学出版社，2008。

［23］全球治理委员会：《我们的全球伙伴关系》，牛津大学出版社，1995。

［24］唐斌：《中国非营利组织研究的新进展》，《南京社会科学》，2005年第7期。

［25］同春芬、管英：《街道公益创投的困境与出路》，《中共青岛市委党校青岛行政学院学报》，2015年第3期。

［26］王劲颖：《公益招投标和公益创投实践的差异分析及思考》，《长沙民政职业技术学院学报》，2011年第4期。

［27］王名、王超：《非营利组织管理》，中国人民大学出版社，2016。

［28］王瑞鸿：《公益创投的鲶鱼效应》，《中国社会工作》，2012年第3期。

［29］王思斌：《社会工作概论》，高等教育出版社，1999。

［30］谢菊、马庆钰：《中国社会组织发展历程回顾》，《云南行政学院学报》，2015年第1期。

［31］许小玲：《"扎根"与"生根"：公益创投本土实践的反思与前瞻》，《社会工作》，2015年第4期。

［32］杨秀：《论公益创投与社会组织发展》，硕士学位论文，青岛大学，2014。

［33］尹浩、席军良：《以公益为本的效率机制：欧洲公益创投运行机理及其本土启示》，《开发研究》，2016年第1期。

［34］俞可平等：《中国公民社会的兴起与治理的变迁》，社会科学文献出版社，2002。

［35］张其禄、叶一璋：《公益创投：非营利组织的管理革新》，

（台湾）《空大行政学报》，2008年第19期。

[36] 赵萌：《慈善金融：欧美公益风险投资的含义、历史与现状》，《经济社会体制比较》，2010年第4期。

[37] 郑胜分、刘育欣：《公益创投：社会企业的另一种契机》，《中国非营利评论》，2015年第1卷。

[38] 朱锦标：《公益创投：社会组织培育发展新模式探索——以东莞市"公益创投"活动为例》，硕士学位论文，华南理工大学，2013。

[39] 朱晓红：《社区公共服务合作治理的风险与制度建设——以公益创投项目为例》，《湖南社会科学》，2016年第2期。

[40] 朱照南、马季：《公益创投的美国经验》，《中国社会组织》，2016年第2期。

二 英文文献

[1] Bayley, M., "Mental Handicap and Community Care: A Study of Mentally Handicapped People in Sheffield", *Social Service Revive*, 1974, 48 (3): 458-459.

[2] Bradshaw, J., "The Concept of Need", *New Society*, 1972 (30): 640-643.

[3] Chapin, R., & Dobbs-Kepper, D., "Aging in Place in Assisted Living: Philosophy Versus Policy", *Gerontologist*, 2001, 41 (1): 43-50.

[4] Daly, M., & Lewis, J., "The Concept of Social Care and the Analysis of Contemporary Welfare States", *British Journal of Sociology*, 2000, 51 (2): 281-298.

[5] Doyal, L., & Gough, I., *A Theory of Human Needs*, Guilford,

1991.

[6] Frumkin, P. , "Inside Venture Philanthropy", *Society*, 2003, 40 (4): 7 – 15.

[7] Garbarino, J. , "Where does Social Support Fit into Optimizing Human Development and Preventing Dysfunction?", *The British Journal of Social Work*, 1986 (16): 23 – 37.

[8] Iecovich, E. , "Aging in Place: From Theory to Practice", *Anthropological Notebooks*, 2014, 20 (1): 21 – 32.

[9] Lawton, M. P. , *Environment and Aging*, Center for the Study of Aging, 1986.

[10] Maslow, A. H. , "A Theory of Human Motivation", *Psychological Review*, 1943, 50 (4): 370.

[11] Means, R. , Richards, S. , & Smith, R. , *Community Care: Policy and Practice*, Palgrave Macmillan, 2008.

[12] Rowles, G. D. , "Evolving Images of Place in Aging and 'Aging in Place'", *Generations*, 1993, 17 (2): 65 – 70.

[13] Sievers, B. , *If Pigs Had Wings: The Appeals and Limits of Venture Philanthropy*, Issues in *Philanthropy Seminar*, Georgetown University, 2001.

[14] Wiles, J. L. , Leibing, A. , Guberman, N. , Reeve, J. , & Allen, R. E. S. , "The Meaning of 'Aging in Place' to Older People", *Gerontologist*, 2012, 52 (3): 357 – 366.

[15] Zawadski, R. T. , *Community-based Systems of Long-term Care*, Routledge, 2014.

后 记

  一本区级的社会工作发展报告，有多大的出版价值？可能不少读者拿起这本书的时候，都会有这个疑问。当南海区民政局与我商量这个出版计划时，我也曾经这样犹豫过。但最终让我决定花时间做这件事，是因为一场远在英伦的工作坊。

  2016年夏天，我回到母校英国约克大学，在母系社会政策与社会工作系做荣誉访问学者。抵后见过导师布拉德萧教授（Prof. Jonathan Bradshaw），在亦师亦友的庄赫臣教授（Prof. John Hudson）的协助下，举办了两场系内工作坊。一场介绍中国的长期照料改革，另一场介绍中国的社会工作发展。相比起英文文献较多的长照议题，中国社会工作发展的英文文献相对较少。一场讨论下来，包括几个大中华地区的留学生在内的十几位师友追问了很多问题。例如，为何提供社工服务的社会服务机构几乎全靠政府的财政资助？为何社工项目的成效难以被公众感知？为何实务社工中只有少数是"科班出身"？为何高校社工系的毕业生不愿意入行？讲座之后的答问环节，大半时间我都花在回答这些细节问题上。

  工作坊之后，当年曾教过我社会工作理论的萧伊恩教授（Prof. Ian Shaw）找我谈了一整个下午。萧教授已经荣休，正在另一所大学"隐姓埋名"地上一门英诗（Studies in Poetry）硕士课程，重温英国文学。这天他特意回来，让我从头到尾给他介绍了一次研究的背景，从中国的社会工作发展沿革讲到当下的困难与挑战。在听完我的介绍后，他微笑着说了一句西谚："魔鬼在细节中。"他感叹，对中国社会工作的发展，断不能抽离地方政府的政策过程，尤其是执行上的细节。如果像一些论文那样，硬生生地把整套社会治理创新的主要指标拿来与理论对话，很多讨论将只是隔靴搔痒。两周后，萧教授第二次见我，在翻阅过不少资料后他跟我提了两个观点。首先，他认为中国的社会工作不能回避专业化进程，具体来讲就是从高校社工系的课程设置和师资团队、社工上岗的专业门槛，再到政府的资格认证体系和薪酬编制的规范等，均要逐渐提高标准。这个观点与我的看法完全一致。其次，对社会工作的研究要将政策与实务结合，亦即放在政策体系下系统性地剖析实施细节，指出社工项目在执行过程中遇上什么挑战，然后如何回应，以制定有针对性的扶持措施。他知道我手头上有几份调研报告，尤其是当中不无直面挑战、揭露矛盾的章节，便小心翼翼地问我委托方是否愿意公开出版。

很幸运，这几份报告的委托方是南海区民政局。过去两年，南海区均毫无保留地把政府购买社会服务项目的清单放到一年一度的社会服务洽谈会上，在向全社会公开购买数据上早就不拘小节。在我带领课题组撰写书稿的整个过程中，丁坚副局长只向我提出过一个要求：只要是事实，就可以写。于是那一天，我耸一耸肩回答我的老师：当然，这本书南海可以出。

如果非要我来说这本书的价值，我希望它能帮助读者从观察社会工作在一个区的发展，尤其在它如何取得成绩和何以遇到挑战之中，一叶知秋地感受到社会治理创新在当代中国的展开历程。诚然，书中不少章节展示出了艰难险阻，但我更希望大家从南海区面对这些挑战的坦荡中感受到一线同工们的那腔热忱，然后看到整个行业的希望。

本书的整体结构由我确定，第一、二、三、四、五章的内容，

后 记

建基于 2015 年及 2016 年两轮的南海区社会工作发展调研报告之上，均为团队合作的结晶；第六章的内容，建基于卢施羽与我合作的养老服务研究项目，主要由卢施羽撰写；第七章的内容，建基于刘维在公益创投领域的长期研究，主要由她撰写。在这里，我要向在过往多次调研中为我提供过大量协助的南海区民政局的多位领导以及南海区社会工作学者与学生联会的多位会员表达谢意。此外，我还必须感谢社会科学文献出版社的多位编辑，没有他们的协助，此报告难以成书。

我要特别感谢康晓琦、罗炜仪、陆晓彤、古若愚、罗敏仪等同学的支持，她们协助团队完成了基础数据的整理，并整理出了附录中的各类排行榜。值得一提的是，在完成数据搜集的工作后，本科在中山大学读公共管理的康晓琦和读国际关系的古若愚，均在硕士阶段转到社会政策与社会工作这个方向：康晓琦去了香港中文大学社工系，古若愚则被伦敦政治经济学院社会政策学系录取。从这些转变中可以看到，社会工作的价值观有着如何强大的感召力。

必须向读者承认的是，尽管在出版之前我花费了很多时间来更新和校对书中的多处数据，但各种错漏在所难免，尤其是对于一个在急速发展中的行业，部分数据在出版之际距搜集之时已有半年之遥，若因此未能及时反映相关方向的最新动态，实为抱歉，责任亦应由我个人来承担。希望各位读者不吝赐教，我的联系方式是：chenyj28@ mail. sysu. eud. cn。

陈永杰
2017 年 3 月
于佛山家中